Mein schöner Balkon

Gestalten I Bepflanzen I Pflegen

EVA-MARIA GEIGER

blv

Was Sie in diesem Buch finden

Gestalten mit Balkonpflanzen 6

Ein paar Worte vorweg 8
Ausgangspunkt: der richtige Standort 9
Gestaltungstipps für einfache und anspruchsvolle Arrangements 15
Gestalten mit Farben 18
Ampeln und Hanging Baskets 24
Der Duftbalkon – Eldorado für die Nase 29
Kulinarische Höhepunkte: Balkongemüse und Kräuter 32
Für Romantiker: der Balkon als Gartenlaube 35

Die schönsten Balkonpflanzen 38

Bemerkungen vorab 40
Das Standardsortiment 41
    Strauchmargerite 41
    Knollen- und Girlandenbegonien 42
    Goldzweizahn 43
    Zauberglöckchen 44
    Fuchsie 45
    Gazanie 46
    Vanilleblume 47
    Edellieschen 47
    Fleißiges Lieschen 48
    Wandelröschen 49
    Lobelie, Männertreu 50
    Kapkörbchen 51
    Pelargonien, Geranien 52
    Petunien 54
    Husarenknöpfchen 55
    Aztekengold 56
    Blaue Fächerblume 57
    Schneeflockenblume 58
    Verbenen, Eisenkraut 59

Das Liebhabersortiment 61

    Leinblättriger Gauchheil 61
    Zauberschnee 62
    Hänge-Löwenmäulchen 63
    Dukatentaler 63
    Australisches Gänseblümchen 64
    Strohblume 66
    Blaue Mauritius 67
    Köcherblümchen, Mickymaus-Pflanze 68
    Elfensporn 69
    Kapaster 70
    Australisches Goldknöpfchen 71

Ampel-Duftsteinrich	72
Hornklee, Lotus	73
Strauchige Gauklerblume	74
Elfenspiegel	75
Nachtkerze	76
Wildpelargonien	77
Sommerphlox	78
Kartoffelwein	79
Blaumäulchen	80

Blattschmuckpflanzen 82
Silberwinde	82
Gundermann	83
Lakritzkraut	84
Süßkartoffeln	85
Schmuckblattpelargonien	86
Weitere Arten	87

Duftende Balkon- und Würzpflanzen 88
Indianerminze	88
Hänge-Rosmarin	89
Kaugummipflanze, Duftpelargonien	90
Weitere Arten	92

Einjährige Kletterpflanzen 93
Asarine, Glockenwinde	93
Prunkwinde	94
Mandeville	95
Schwarzäugige Susanne	96
Weitere Arten	97

Technik rund um Balkonkasten und Blumenampel 98
Gefäße und Befestigungen	100
Bewässerung: von einfach bis Hightech	102

Balkonbepflanzung in der Praxis 106
Substrate und Erden	108
Düngung	110
Balkonpflanzen richtig pflegen	112
Krankheiten und Schädlinge	114
Überwinterung	120

Anhang
Adressen, die Ihnen weiterhelfen	122
Stichwortverzeichnis	124

Gestalten mit Balkonpflanzen

Kahle Balkone und Terrassen lassen sich im Sommer mit ein wenig Aufmerksamkeit und Know-how in blühende und duftende Oasen verwandeln. Schaffen Sie sich dadurch Ihren individuellen grünen Wohnraum zum Entspannen und Wohlfühlen.

Ein paar Worte vorweg

Wenn im Frühjahr die Tage länger werden und die ersten wärmenden Sonnenstrahlen an der Nase kitzeln, erwacht in uns das Bedürfnis, nach draußen zu gehen, um die Natur einzuatmen. Auch in den Häuserschluchten der Städte ist es ganz einfach, ein Stück Natur für sich einzufangen – vorausgesetzt, man hat einen Balkon, und sei es auch nur ein kleiner. Er ist nicht nur ein »Anhängsel« einer attraktiven Wohnung.

So ein Balkon kann im Sommer zum zweiten Wohnzimmer werden, zu einer kleinen Oase, die man frei nach eigenen Wünschen und Vorstellungen gestalten kann: **Kletternde Pflanzen** schaffen Geborgenheit und schirmen vor neugierigen Blicken ab, **duftende Pflanzen** schmeicheln der Nase und vielleicht auch dem Gaumen, und **Blütenpflanzen** zaubern ein Feuerwerk an belebenden oder besänftigenden Farben. Natürlich ist ein schön begrünter Balkon auch ein Aushängeschild für ein attraktives Haus bzw. eine schöne Wohnung und zieht so manch bewundernde Blicke auf sich.

Durch liebevoll zusammengestellte Pflanzenarrangements und den geschickten Umgang mit Farben wird die Balkongestaltung auch zum Ausdruck der eigenen Persönlichkeit.

So mancher schreckt vielleicht zurück vor der Begrünung des Balkons unter dem Vorwand, keinen »grünen Daumen« zu haben. Doch dieses (Vor-)Urteil sollte man gleich über Bord werfen! Schlechte Erfahrungen beim Umgang mit Pflanzen sind in erster Linie das Ergebnis einer ungenügenden Beratung! Hierfür ist dieses Buch gedacht. Es soll Hilfestellungen geben für »Einsteiger« wie auch Tipps für Fortgeschrittene. Wagen Sie es und holen Sie sich ein Stück Natur in Ihr Zuhause!

Balkone und Terrassen lassen sich auch in trüben Großstädten zu kleinen persönlichen Gärten verwandeln: Zwischen Blüten- und Kletterpflanzen gedeihen verschiedene Gemüsearten in Kübeln.

Ausgangspunkt: der richtige Standort

Wachstum und Blütenentwicklung von Pflanzen sind genetisch verankert und das Ergebnis einer optimalen Anpassung an den ursprünglichen Heimatstandort. Dies trifft auch auf unsere etwa 100 Balkonpflanzen-Arten zu, deren ursprüngliches Verbreitungsgebiet in den tropischen und subtropischen Regionen der Welt liegt. So sind z. B. die Ursprungsarten der beliebten Pelargonien (Geranien) auf den lichtreichen Hochebenen in Südafrika zu finden, während sich Fuchsien im feuchten Schatten bewaldeter Regionen Mittel- und Südamerikas wohlfühlen. Ausschlaggebend für die Entwicklung der Pflanzen an ihrem Heimatstandort wie auch auf unseren Balkonen sind die sogenannten **Wachstumsfaktoren,** wie Licht, Temperatur, Wasser, Luft und Nährstoffe. Unter einem »**grünen Daumen**« versteht man die gärtnerische Kunst, den Pflanzen ein Maß an Wachstumsfaktoren ähnlich wie an ihrem Heimatstandort zu bieten. Es lohnt sich, seine Kenntnisse über Pflanzen zu vertiefen, um so bei der Kultur von Pflanzen das richtige Gespür für deren Ansprüche zu entwickeln. So kommt der Standortwahl, insbesondere den vorherrschenden Lichtverhältnissen, eine entscheidende Bedeutung zu, da Helligkeit und Tageslänge als Motor für Pflanzenwachstum und für Blütenreichtum gelten. Weiterhin spielen die Regenhäufigkeit und die Windverhältnisse eine große Rolle.
Bei der Wahl der Balkonpflanzen sollte auch deren Eignung für die **regionalen Klimaverhältnisse** berücksichtigt werden. So gibt es z. B. zwischen Kiel und Freiburg doch erhebliche Klimaunterschiede.

Das Licht entscheidet

Den Lichtverhältnissen kommt eine entscheidende Bedeutung zu. Pflanzen sind in der Lage, die blauen und roten Anteile des Lichtes zur Energiegewinnung und zum Substanzaufbau zu nutzen.
Technisch lässt sich die Helligkeit als Beleuchtungsstärke messen, sie wird in Lux angegeben. Zum Vergleich weisen gut ausgeleuchtete Büroarbeitsplätze eine Beleuchtungsstärke von etwa 1000 Lux auf, während an wolkenlosen Hochsommertagen mittags über 100 000 Lux, im Frühjahr und Herbst bis zu 30 000 Lux im Freien gemessen werden. Schieben sich dunkle Regenwolken vor die Sonne, fällt die Beleuchtungsstärke auf etwa 1200 bis 4000 Lux.
Zwei Drittel aller Balkonpflanzen lieben einen sonnigen Standort. Ihr Stoffwechsel kommt erst bei einer Beleuchtungsstärke von 5000 Lux in Gang und läuft bei Werten zwischen 25 000 und 50 000 Lux auf Hochtouren. Weiterhin wird auch bei hohen Temperaturen infolge des höheren Stoffwechsels der Pflanzen viel Substanz wieder verbraucht. Sehr schlechte Lichtverhältnisse wirken bei Pflanzen wie eine Diät – sie verkümmern langsam. Pflanzen für

halbschattige und schattige Standorte sind etwas bescheidener, ihnen genügen Helligkeitswerte zwischen 2000 und 15 000 Lux für eine ausreichende bis gute Photosyntheseleistung. Hinzu kommt, dass die meisten Balkonblumen sogenannte **Lichtsummenblüher** sind. Das bedeutet, dass ihre Blühintensität abhängig von der Lichtmenge ist (= Lichtintensität + Tageslänge). Ein Trost für die weniger sonnenverwöhnten Pflanzenliebhaber im Norden, die vielleicht weniger Sonne, jedoch längere Tage im Sommer haben. Interessanterweise gibt es auch Sommerblumenarten, die die Länge der Licht- und Dunkelphasen des Tages erfassen. Erst ab einer bestimmten Tageslänge beginnen sie, Blüten zu bilden und blühen in unseren Breitengraden meist erst ab Mitte Mai. Zu ihnen zählen z. B. die Fuchsien.

MEIN RAT

Während viele sonnenhungrige Pflanzen auch an halbschattigen Standorten – wenn auch mit verminderter Blühleistung – zurechtkommen, öffnen andere ihre Blüten nur bei vollem Licht in Abhängigkeit von hohen Einstrahlungswerten, z. B. Gazanien, Kapmargeriten und Strohblumen. Für sie sollte immer ein vollsonniger Standort gewählt werden.

Pflanzen für den vollsonnigen Standort

Vollsonnige Standorte sind **nach Süden ausgerichtet** und ganztägig unbeschattet. Die Lichtintensität ist an solchen Standorten in den Hochsommerwochen sehr hoch, nahezu schon aggressiv, und auch die Temperatur steigt auf sehr hohe Werte. Pflanzen für vollsonnige Standorte weisen häufig einen halbsukkulenten (leicht fleischigen) Charakter auf. Ihre Laubblätter sind fest, lederartig, silbrig, blau- oder graugrün mit einer entsprechenden Schutzschicht gegen die hohe Sonneneinstrahlung und die hohen UV-Werte. Dennoch sollte man solchen Pflanzen unmittelbar nach der Pflanzung eine Möglichkeit zur Akklimatisierung durch Schattieren oder ein erstes Aufstellen an trüben Tagen einräumen, bis sich die natürlichen Schutzmechanismen entwickelt haben.

Wichtig für Pflanzen an vollsonnigen Standorten ist eine gleichmäßige Wasserzufuhr, da in dem beschränkten Gefäßvolumen eines Balkonkastens bei hoher Einstrahlung die

Stehen für wunderbar üppigen Blumenschmuck an sonnigen und vollsonnigen Standorten: die Surfinia-Petunien 'Blue Vein' und 'Blue Picnic', Goldzweizahn und Hängegeranie 'Lachs-Cascade'.

Erde sehr schnell austrocknet. Balkonkästen mit Wasserspeicher oder eine automatische Bewässerung sind dafür ideal. Auf sehr dunkle Kunststoffgefäße sollte man lieber verzichten, da sie sich sehr stark erhitzen. Temperaturen bis zu 40 °C im Wurzelbereich sind nicht selten und können auch zu Wurzelverbrennungen führen.

Mitunter schlappen die Pflanzen in den heißen Tagesstunden, obwohl die Erde feucht ist. In diesem Fall verdunsten ihre Laubblätter mehr Feuchtigkeit, als die Wurzeln aufnehmen können. Manche Pflanzen wirken auch verkrüppelt, wenn sie als Verdunstungsschutz ihre Blätter nach innen oder nach außen rollen (z. B. bei *Sanvitalia speciosa* 'Aztekengold'). Solche Reaktionen auf Überhitzung gehen längerfristig auf Kosten der Wuchsleistung. Eine leichte Schattierung über die heißesten Stunden des Tages ist in diesem Fall sehr vorteilhaft.

Pflanzen für den sonnigen Standort

Sonnige Balkone und Terrassen sind **nach Südwesten ausgerichtet** oder es handelt sich z. B. durch einen Dachvorsprung geschützte Südseiten von Gebäuden. Sie sind sehr hell und bieten spätestens ab der Mittagszeit den Pflanzen volles Licht. Im Idealfall sind die Pflanzen jedoch vor der grellen Mittagssonne geschützt. In den beschatteten Morgenstunden sammeln sie Energie für Wachstum und Entwicklung von Laubmasse, die sonnigen Nachmittags- und Abendstunden hingegen fördern den Blütenreichtum. Bei hohem Lichtangebot bis in die frühen Nachmittagsstunden kann man auch bei Südostbalkonen von einem sonnigen Standort sprechen. Auch Pflanzen für sonnige Plätze sollten äußerst behutsam an ihren endgültigen Standort akklimatisiert werden.

Pflanzen für den halbschattigen Standort

Halbschattige Standorte für Pflanzen sind meist **nach Nordosten und Nordwesten ausgerichtete** Balkone und Terrassen. Die Pflanzen stehen hell, jedoch geschützt vor praller Sonneneinstrahlung zwischen den späten Vormittags- und den frühen Nachmittagsstunden. Einen solchen Platz lieben Pflanzen, deren Heimatgebiete lichte und feuchte, subtropische und tropische Waldregionen sind. Neben den

Sanvitalia speciosa 'Aztekengold' mit ihren unzähligen kleinen Blüten schützt sich gegen sehr intensive Einstrahlung und hohe Temperaturen an sonnigen Standorten durch Einrollen der Blätter.

MEIN RAT

Eine Gestaltung mit weißen Blütenpflanzen wirkt besonders im Sommer sehr edel, sehr hell und angenehm kühl. Beispiele dafür sind das Fleißige Lieschen 'Candy Weiß', die starkwüchsige Girlandenbegonie 'Illumination White' und Lobelien in Weiß.

Fuchsien zählen hierzu die aus feuchten, (sub)-tropischen Regionen stammenden Begonien, die Fleißigen Lieschen aus Sansibar und die Edellieschen aus dem tropischen Neuguinea. Gerade bei diesen Pflanzenarten ist in den letzten Jahren ein großes Sortimentsspektrum entstanden, mit dem sich jeder halbschattige Balkon in ein Blütenmeer verwandeln lässt. Die Pflanzen haben weichere, empfindlichere Blätter und reagieren unmittelbar nach der Auspflanzung sensibel auf intensive Sonneneinstrahlung. Trockenstress wird in der Regel weniger gut vertragen. Einige Sorten sind auch relativ gut sonnenverträglich, sofern nach einer ausreichenden Anpassungsphase an den sonnigen Standort eine gleichmäßige Wasserversorgung gewährleistet ist. Solche Sorten kann man oft am Namen erkennen, z. B. die Edelbegonien 'Solenia' und die Edellieschen 'Sunpatiens'. Auch mit Blattschmuckpflanzen lassen sich an halbschattigen Standorten Farbakzente setzen. Zu den aufregendsten zählen die Buntnessel- und Purpurglöckchen-Sorten. Sie bezaubern durch vielfältige Blattmuster und ungewöhnliche Farben von Sonnengelb, Maigrün, Orange bis Schokobraun.

Edles Arrangement für einen geschützten, halbschattigen Standort: Girlandenbegonie 'Illumination Apricot' und gelbgrünes Lakritzkraut 'Rondello'.

Pflanzen für den schattigen Standort

Die Sortimentsauswahl für schattige Standorte, vorwiegend an der Nordseite von Gebäuden, ist leider sehr klein. Auch Pflanzen, die an halbschattigen Standorten bestens gedeihen, reagieren häufig mit einer reduzierten Blühleistung auf die fehlenden Sonnenstunden. Nichtsdestoweniger kann man mit Blattschmuckpflanzen, wie mit Efeuarten, buntblättrigen Taubnessel- und Gundermann-Sorten, goldgelbem Zieroregano, versetzt mit einigen Blütenpflanzen, wie Fleißigen Lieschen und Begonien, bezaubernde, kühle Oasen schaffen, die an den heißen Sommertagen einen angenehmen Ort zur Entspannung bieten.

Tipps für wind- und regenexponierte Standorte

Auf einem ungeschützten Balkon in sturmgefährdeten Regionen oder auch in den höheren Stockwerken einer Großstadt können Wind und Regen mitunter heftig zuschlagen. Für solche Standorte eignen sich besonders die sturmerprobten Pflanzen, die aus raueren Küstenregionen stammen. Ihre Sprosse sind meist kurz und elastisch, ihre Laubblätter sind klein, fest, geschützt vor übermäßiger Verdunstung durch eine ledrige Außenhaut, die Blüten sind sehr zierlich. Beispiele für solche Arten sind Dukatenblume, Strauchmargeriten, Gazanien, Geranien mit einfachen Blüten u. a.

Besonders empfindlich gegenüber Windschäden sind wärmeliebende Pflanzen mit langen Trieben, großen, weichen Blättern und großen, gefüllten Blüten. Auch sollte man an windexponierten Standorten aus Gründen der Standfestigkeit schwerere Gefäße wählen. Vorbeugend gegen Schäden durch starke Niederschläge wird im Fachhandel auch ein **Regenschutz** für Balkonkästen angeboten, der sich auf allen Arten von Balkonen und Balkonkästen anbringen lässt. Er besteht aus Federstahlbügeln, speziellen Halterungen und einer transparenten, UV-stabilisierten Folie, ist schnell aufzuspannen und wieder wegzunehmen. Wer Geranien liebt, sollte zu einfachblühenden Sorten zurückgreifen. Sturmerprobt sind auch interspezifische Hybriden, eine Kreuzung zwischen hängenden und stehenden Sorten (wie z. B. die 'Caliente'-Serie). Aber auch kleinblumige Ampelpetunien erholen sich nach heftigen Gewittern schnell.

Weiße Blüten setzen Lichtpunkte an schattigen Standorten: Fleißiges Lieschen 'Candy Weiß'.

Beispiele für Blütenpflanzen mit unterschiedlicher Standorteignung

Pflanzenart	Wuchscharakter		Farbpalette
Pflanzen für einen vollsonnigen bis sonnigen Balkon			
Gazanien	Buschig bis überhängend	Mittelstark	Weiß, gelb, orange
Kapaster	Buschig	Mittelstark	Blau
Kapkörbchen	Aufrecht	Starkwüchsig	Weiß, gelb, rosa, orange
Strauchmargerite	Aufrecht	Starkwüchsig	Weiß, gelb, rosa, rot
Wandelröschen	Buschig bis überhängend	Starkwüchsig	Weiß, gelb, orange, rot, purpurrot
Pflanzen für einen sonnigen bis halbschattigen Balkon			
Aztekengold	Hängend	Mittelstark	Gelb
Australische Fächerblume	Hängend	Starkwüchsig	Blauviolett, Weiß
Elfenspiegel	Buschig bis überhängend	Mittelstark	Weiß, rosa, blauviolett, rot, orange, gelb
Elfensporn	Buschig bis überhängend	Mittelstark	Rosa Töne, weiß
Geranien und Hängegeranien	Aufrecht und hängend	Starkwüchsig	Weiß, orange, rosa, rot, lachsfarben, purpurrot, rosaviolett
Goldzweizahn	Hängend	Starkwüchsig	Gelb
Schneeflockenblume	Hängend	Mittelstark	Weiß bis fliederfarben
Surfinia-Petunien und andere Hängepetunien	Hängend	Starkwüchsig	Weiß, rosa Töne, purpurrot, blau-violette Töne
Vanilleblume	Aufrecht	Mittelstark	Weiß, blauviolett
Verbenen	Buschig	Starkwüchsig	Weiß, rote, rosa und blau- bis hängendviolette Töne
Zauberglöckchen	Hängend	Mittelstark bis starkwüchsig	Weiß, gelb, rot, rosa und blauviolett
Pflanzen für einen halbschattigen bis schattigen Balkon			
Edellieschen	Aufrecht	Mittelstark	Weiß, rot, rosa und violett
Fleißiges Lieschen	Aufrecht	Mittelstark	Weiß, rot, rosa und violett
Fuchsien	Aufrecht und hängend	Mittelstark	Weiß, rot, rosa und blauviolett
Girlandenbegonien	Hängend	Starkwüchsig	Weiß, rosa, apricot, rot

Gestaltungstipps für einfache und anspruchsvolle Arrangements

Bei allen Bepflanzungsmöglichkeiten ist grundsätzlich eine ausreichende sogenannte **Standweite** für jede Pflanze zu berücksichtigen, also genügend **Pflanzabstand**. Diese hängt natürlich vom individuellen Wuchscharakter und von der Wuchsstärke ab. So beanspruchen die starkwüchsigen Surfinia-Petunien eine Standweite von mindestens 20 cm in einem 20 cm tiefen Balkonkasten. Ein mit Pflanzen vollgepfropfter Balkonkasten wirkt nur in den ersten Wochen attraktiv. Später wird es den Pflanzen zu eng, und sie konkurrieren um Licht, Wasser und Nährstoffe. Die Pflege wird erschwert, und dies wirkt sich zuletzt negativ auf die Blühleistung aus. Zur Pflanzung selbst ist qualitativ hochwertige Ware ohne Stresssymptome zu bevorzugen (z. B. vergilbte Blätter, Grauschimmel, Trockenschäden). Ideal wäre große Gärtnerware (z. B. im 12-cm-Topf) direkt aus dem Gewächshaus. Profis tauchen den Wurzelballen vor der Pflanzung in einen Kübel Wasser, ehe sie ihn in das Gefäß setzen, um Trockenschäden vorzubeugen und um zügiges Wachstum zu garantieren. Weiterhin sollte bei der Bepflanzung auch der unterschiedlichen Weiterentwicklung und **Wuchsstärke** (Konkurrenzkraft) der einzelnen Pflanzen Rechnung getragen werden. Starkwüchsige Pflanzen wie die Hängepetunien, Goldzweizahn und unter den Blattschmuckpflanzen das silberlaubige Lakritzkraut und der Mottenkönig drohen schwächer wachsende Kombinationspartner bald zu überwuchern.

Ganz einfach, aber wirkungsvoll: »Solotänzer« oder »Sorte pur«

Die einfachste Möglichkeit, einen Balkonkasten zu gestalten, ist die gleichmäßige **Bepflanzung mit einer einzigen Balkonblumensorte** z. B. mit leuchtenden Hängegeranien. Hierzu muss man sich einer strengen Ordnung unterwerfen. Jeder kleinste Unterschied, sei es nur eine Farbabweichung durch die Wahl einer anderen Sorte, wirkt störend auf das Gesamtbild. Ihre Wirkung ist klar, ruhig und schlicht. Besonders gut wirken sie auf kleinen Balkonen und vor unruhigem Hintergrund.

Eine gelungene und harmonische Gestaltung mit nur einer Sorte: Die leuchtenden Blüten der Hängegeranie 'Feuercascade' beleben den Innenhof.

Symmetrisch anordnen

Für einen symmetrisch gestalteten Balkonkasten wird eine dominierende Hauptpflanze in die Mitte des Kastens gesetzt, und beide Seiten nun spiegelgleich bepflanzt. Hierzu wählt man Pflanzen der gleichen Art, Größe und Farbe und ordnet sie in gleichem Abstand von der Hauptpflanze im Mittelpunkt des Balkonkastens an. Eine solche Gestaltung wirkt leicht verständlich, klar, streng und architektonisch. Sie vermittelt Ruhe, Ausgewogenheit und Geschlossenheit.

Im Walzertakt pflanzen

Bei einer **rhythmischen Pflanzung** werden unterschiedliche Pflanzen aneinandergereiht; die entstandene Abfolge wird in immer gleicher Weise wie aufeinanderfolgende Tanzschritte wiederholt. Die einzelnen Intervalle der Wiederholungen bestehen aus zwei und mehr Pflanzen, die sich in Form, Größe, Farbe und Stückzahl unterscheiden. Für eine rhythmische Reihung von Balkonpflanzen empfiehlt es sich, die Pflanzen etwas versetzt anzuordnen, z. B. aufrecht wachsende Pflanzen mehr in den Hintergrund des Kastens und überhängende Pflanzen an die Vorderkante. Eine rhythmische Reihe erscheint spannungs- und abwechslungsreich, lebhaft, beschwingt und interessant. Besonders attraktiv wirken solche Bepflanzungen auf großen Balkonen mit einfarbigem Hintergrund bzw. Balkongeländern. Natürlich wirkt die rhythmische Pflanzung, wenn die aufeinanderfolgenden Blütenarten regelmäßig durch eine oder mehrere Blattschmuckpflanzen aufgelockert werden. Besonders schön sind hierbei stark hängende Arten, wie Mottenkönig, Gundermann und Pfennigkraut.

Symmetrisch gestalteter Balkonkasten: Die zartrosa blühende Hängegeranie wird eingerahmt von Vanilleblumen. An den Enden sitzen scharlachrote Knollenbegonien.

Rhythmische Pflanzung, hier mit Goldzweizahn, Roten Hängegeranien, Mottenkönig und Vanilleblumen bzw. Petunien.

Anspruchsvoll: Pflanzen mit verschiedener Wertigkeit

Bei dieser Gestaltung kommen der individuellen Ausstrahlung und dem Ausdruck der Balkonblumen eine besondere Bedeutung zu. Das Wesen einer Pflanze wird nicht nur durch deren Wuchscharakter, sondern auch von dem Milieu geprägt, in dem sie naturgemäß wächst. So wirken aufrecht wachsende Pflanzen aus den Tropen häufig exotisch, edel, kostbar und dominant und wollen sich in voller Pracht entfalten. Beispiele sind Ziertabak, Vanilleblume u. a.

Ganz anders hingegen sind Pflanzen mit nur geringem Geltungsanspruch: Sie wirken unscheinbar, niedlich, bescheiden und kommen am besten als Gruppenpflanzung zur Geltung, etwa als Blütenpolster (z. B. Lobelien, Husarenknöpfchen, Aztekengold, Schneeflockenblumen, kleine Studentenblumen).

Dazwischen liegen viele aufrecht wachsende wie auch überhängende und schwungvolle Balkonpflanzenarten, die allein recht gut wirken oder sich auch in Gemeinschaft mit anderen Arten gut vertragen.

Entscheidend für eine gelungene Bepflanzung ist, dass die Pflanzen ihren jeweiligen Platz innerhalb einer Gruppierung entsprechend der optischen Wirkung erhalten.

Zur Vereinfachung unterteilt man das Balkonpflanzensortiment auch in sogenannte **Leit-**, **Hänge-** und **Beipflanzen.** Dominante, aufrecht wachsende Pflanzen (z. B. Strauchmargeriten, Kapkörbchen, aufrecht wachsende Geranien für sonnige Standorte und stehende Fuchsien) werden in den Hintergrund platziert, Hängepflanzen an den vorderen Rand. Zwischen den Leit- und Hängepflanzen finden zuletzt die bescheidenen Beipflanzen Platz, die das gesamte Erscheinungsbild abrunden.

Die dominante Wirkung der starkwüchsigen, duftenden Vanilleblume 'Marine' wird in diesem Beispiel unterstrichen durch das zierliche, buschige Aztekengold, die stark hängende, rote 'Temari'-Verbene 'Scarlet' und Mini-Hängepetunie in Weiß.

Gestalten mit Farben

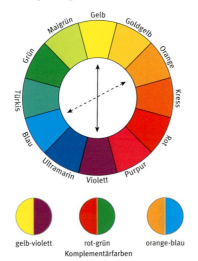

Der natürliche Farbkreis mit 12 reinen Farben. Komplementärfarben liegen im natürlichen Farbkreis gegenüber. Ihre Kombination ergibt einen sehr spannungsreichen Farbkontrast

gelb-violett   rot-grün   orange-blau
Komplementärfarben

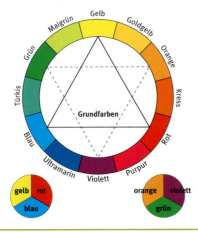

Kombinationen aus drei Farben, die im Farbkreis gleich weit voneinander entfernt liegen, ergeben tolle Farbkontraste

Farben sind wie Töne: Sie klingen laut und leise, wirken erheiternd und besänftigend. Farben haben Einfluss auf das Empfinden und unbewusste Handeln der Menschen. Auch die symbolischen Deutungen der Farben hängen eng mit deren Erscheinung und den Gefühlen, die sie auslösen, zusammen. Mit Farben lassen sich bei dem Betrachter bewusst Stimmungen erzeugen und vertiefen, nicht nur durch Einzelfarben, sondern auch durch belebende Kontraste und durch besänftigende Farbharmonien. Ein kleiner Einblick in das Ordnungssystem von Farben erleichtert die Zusammenstellung von attraktiven Farbkombinationen. Zunächst gibt es die sogenannten **Grundfarben** oder Primärfarben Gelb, Rot und Blau. Kennzeichnend für sie ist, dass sie sich nicht durch Mischungen herstellen lassen. Mischt man jedoch jeweils zwei der Grundfarben, erhält man die sogenannten reinen **Mischfarben** oder **Sekundärfarben.** Reine Farben werden in einem zwölfteiligen **Farbkreis** dargestellt: Die Farben sind in der gleichen Reihenfolge wie bei einem Regenbogen angeordnet. Der Farbkreis besteht aus den drei Grundfarben, die im gleichen Abstand zueinander stehen, sowie neun Mischfarben.

Leicht: sanfte Farbharmonien

Das Geheimnis harmonischer Farbkombinationen beruht darauf, dass zwischen den einzelnen Farben nur sehr kleine Kontraste liegen oder dass größere farbliche Unterschiede durch viele kleine Zwischenstufen verbunden werden.

Ruhig und sanft wirken kombinierte Abdunklungen und Pastelltöne von nur einer einzigen reinen Farbe. Die Pastellnuancen können hierbei bis zu Weiß gehen. Von einer solchen **Harmonie im Gleichklang** geht eine vornehme, zurückhaltende und dezente Farbwirkung aus.

Auch **Nachbarfarben** innerhalb des Farbkreises, z. B. Gelb, Goldgelb, Orange, wirken harmonisch und natürlich miteinander.

Anspruchsvoll: lebhafte Farbkontraste mit Power

Farbkontraste werden durch lebhafte Unterschiede in den Farbkombinationen ausgelöst. Der größtmögliche und spannungsreichste Kontrast ist der zwischen einer Farbe und ihrer **Komplementärfarbe.** Diese stehen sich in dem natürlichen zwölfteiligen Farbkreis gegenüber. Von besonderer Bedeutung ist der **Helligkeitskontrast:** Kein anderer Farbkontrast belebt eine Farbkomposition so wie dieser.

- Dunkle Töne schaffen Schattenspiele und optische Tiefe,
- helle Farben bringen belebendes Licht und eine leichte, auflockernde Wirkung mit sich, auch für schattige Ecken.
- Unterschiedliche Farbtöne von gleicher Helligkeit wirken nebeneinander unklar, ausdruckslos, fade und matt.
- Reine, klare Farben leuchten sehr viel intensiver in einem Umfeld von trüben, stumpfen Farbtönen als neben ebenso intensiv leuchtenden Farben.

Sanfte Harmonie im Gleichklang: 'Temari'-Verbenen, Kapkörbchen und Zauberglöckchen in pinkvioletten Tönen.

Dezent und vornehm: eine Kombination weiß blühender Balkonpflanzen; hier: Strauchmargerite 'Dana', Hängegeranie, Verbene 'Temari White' und Mini-Hängepetunie.

- Eine helle Blütenfarbe wirkt neben einem dunklen Farbton – sei es eine dunkelblühende Nachbarpflanze, eine Blattschmuckpflanze mit dunkelgrünem Laub oder mit einer dunklen Hausfassade als Hintergrund – besonders deutlich.

Farben werden vom Betrachter auch subjektiv wahrgenommen. Er verbindet mit ihnen Aktivität, Temperaturempfinden und misst ihnen eine unterschiedliche Gewichtung zu. Der stärkste **Aktivitätskontrast** besteht zwischen den Farben Rot und Grün. Rot gilt als die aktivste aller Farben, Grün hingegen als passiv. Rote Töne wirken warm; insbesondere zu Blau besteht hier ein starker **Temperaturkontrast.** Selbst wenn Farben in gleichen Anteilen vorkommen, messen wir ihnen eine **unterschiedliche Gewichtung** zu. So breitet sich z. B. leuchtendes Gelb viel stärker über Violett aus, auch wenn beide Farben in der gleichen Menge vorliegen.

Lebhafte Kontrastkombinationen können auch mit drei Farben realisiert werden. Für eine optimale Farbkombination verbindet man z. B. die Farben des Farbkreises durch ein gleichseitiges Dreieck. Alle drei Farben sind innerhalb des Farbkreises gleich weit voneinander entfernt (z. B. Gelb-Blau-Rot oder Grün-Orange-Violett). Eine solche Kontrastkombination im Landhausstil lässt sich z. B. mit orangefarbenen Kapkörbchen, maigrünen Süßkartoffel-Blattschmucksorten und violetten Ampelpetunien zaubern.

Lebhafte Farbkontraste können durch die Komplementärfarben Blau (z. B. Lobelien) und Gelb (Strauchmargerite 'Butterfly' und 'Dukatenkalender') erzeugt werden.

Die Kombination von Rot, Gelb und Blau ergibt die schönsten Farbkontraste: Wandelröschen, Ministrohblumen und Zauberglöckchen in Blau.

Blattschmuck- und Strukturpflanzen kommt bei der Gestaltung mit Farben eine besondere Bedeutung zu. Von allen Spektralfarben des natürlichen Lichtes nimmt **Grün** den größten Anteil ein. Grün wirkt auf das menschliche Auge beruhigend und entspannend. Bei Balkonblumen mit sehr hoher Blühintensität verschwindet mitunter das Laub unter der Blütenfülle. Leuchtende Blütenfarben können dann nahezu aggressiv auf den Betrachter wirken. Eine Kombination mit Blattschmuckpflanzen, z. B. mit dem duftenden Mottenkönig, mit Gundermann oder grünlaubigen Salbei- und *Origanum*-Arten, lockert eine laute Farbwirkung auf und lässt einzelne Pflanzen besser zur Geltung kommen.

Wirkung von Farbtönen innerhalb einer Pflanzenkombination

Farbton	Pflanzenbeispiele	Wirkung innerhalb einer Farbkombination
Weiß	Elfenspiegel 'Innocence', Weiße Hängepetunie, Schneeflockenblume, Strauchmargerite 'Dana',	Setzt Lichtpunkte, wirkt rein, ruhig, feierlich und erhaben
Gelb	Goldzweizahn, Strauchmargerite 'Butterfly', Dukatentaler, Aztekengold	Bringt Weite, Strahlung, Sonne, wirkt belebend, auflockernd, optimistisch
Orange	Gazanie 'Orange Magic', Wandelröschen 'Sunkiss', Geranie 'Perlenkette Orange'	Wirkt belebend, erheiternd, anschmiegsam; die wärmste aller Farben
Rot	Geranie 'Rumba' Verbene in Scharlachrot Begonie 'Panorama Scharlach'	Wirkt belebend, aktivierend, unruhig, laut und kraftvoll; bringt Spannung in die Farbkombination
Purpurrot	Hängegeranie 'Lulu' Surfinia-Petunie 'Revolution'	Bringt Tiefe und Fülle, wirkt sanft, jedoch auch glühend
Violett	Verbene 'Temari Violet', Zauberglöckchen 'Blue', Blaumäulchen 'Summer Wave Violet'	Wirkt beruhigend, vertiefend, zurückhaltend, jedoch auch schwer und mystisch
Nachtblau	Vanilleblume 'Marine' Hängepetunie 'Caleidos Blue Velvet'	Lässt sonnige Farben leuchten, wirkt ruhig und klar
Enzianblau	Kapaster, Blauer Gauchheil, Lobelie 'Azur'	Setzt Ruhepunkte, wirkt erfrischend und entspannend
Lindgrün	Zier-Oregano 'Aureum' Süßkartoffel 'Sweet Caroline Light Green'	Wirkt freundlich, sanft, frisch, naturnah, jedoch ohne dunkle Partner blass und fahl (ebenso andere Pastelltöne)
Helle Grautöne	Silbernes Lakritzkraut Taubnessel 'White Nancy'	Mildert harte Kontraste, wirkt neutral und beruhigend; zu viel an Grau wirkt jedoch steril

Schöne Farbkombinationen:
für Balkonkästen mit 100 cm Länge und mindestens 20 cm Tiefe

1 Duftig-schick in Samtrot-Weiß für die Sonne

1 = Afrikanisches Lampenputzergras (Pennisetum setaceum 'Dwarf Rubrum')
2 = Blattschmuck-Süßkartoffel (Ipomoea batatas mit braunrotem Laub, z. B. 'Sweet Caroline Purple')
3 = Ampelduftsteinrich (Lobularia maritima 'Snow Princess' -mit Honigduft)
4 = Schokokosmee (Cosmos atrosanguineus 'Chocamocha' -mit Schokoladenduft)
5 = Hängegeranien (Pelargonium peltatum in samtigem Rotton, z. B. 'Costa Daurada Dark Red', 'Toscana Ruben')

2 Eine romantische Kombination in Rosa-Pink für die Sonne

1 = Hängepetunie (Petunia 'Raspberry Blast')
2 = Kalifornische Prachtkerze (Gaura lindheimeri, z. B. 'Belleza Dark Pink', 'Lillipop Pink')
3 = Zauberschnee (Chamaesyce hypericifolia, z. B. 'Diamond Frost', 'Silver Fog')
4 = Gundermann (Blattschmuckpflanze) (Glechoma herderacea 'Variegata')
5 = Zauberglöckchen (Calibrachoa) mit gefüllten, pinkfarbenen Blüten (z. B. 'Mini-Famous Double Hot Pink')

GESTALTEN MIT FARBEN | 23

3 Eine fröhliche Kombination im Landhausstil für die Sonne

1 = Schwarzäugige Susanne *(Thunbergia alata)*
2 = Buntnessel *(Solenostemon scutellarioides)* mit maigrünem Laub
3 = Sterngeranie *(Pelargonium* mit ziegelroten Blüten, z.B. 'Graffiti Fire')
4 = Hängepetunie *(Petunia)* mit kleinen, dunkelblauen Blüten (z.B. 'Whispers Bue')
5 = Aztekengold *(Sanvitalia speciosa,* z.B. 'Solaris')

4 Fröhlich-bunt im Halbschatten

1 = Bolivianische Ampelbegonie, *(Begonia boliviensis,* z.B. 'Encanto Waterfall Orange', 'Summerwings Orange', 'Bonfire')
2 = Pfennigkraut *(Lysimachia nummularia)* als Blattschmuckpflanze
3 = Lobelie *(Lobelia,* z.B. 'Curaçao Blue', 'Blue Heaven', 'Hot Blue', 'Blue Star')
4 = Fleißiges Lieschen *(Impatiens walleriana)* mit gefüllten, zweifarbigen Blüten in Orange/Weiß (z.B. 'Silhouette Orange Star')

Pflegetipps für alle Pflanzvorschläge
Drei Wochen nach der Pflanzung mit einer kontinuierlichen Düngung beginnen: 1–2 × je Woche 0,2 % eines guten Volldüngers.

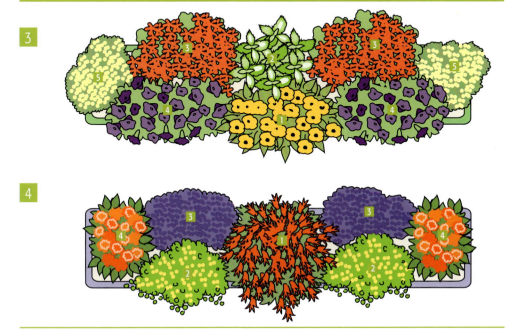

Ampeln und Hanging Baskets

Mit Sommerblumen bepflanzte Ampeln sind heute von Balkonen und Terrassen nicht mehr wegzudenken. Langsam finden auch die sogenannten Hanging Baskets, also Korbampeln oder Mooskörbe, ihre Liebhaber. Ihre Bepflanzung und Pflege ist anspruchsvoller als die von Ampeln, doch bei gelungenen Pflanzenkombinationen ist ihre Wirkung umwerfend. Im angelsächsischen Sprachraum werden diese exklusiven Pflanzenarrangements intensiv genutzt. In Großbritannien zieren sie nicht nur Eingangsbereiche, Balkone und Terrassen von Wohnhäusern, Geschäftsgebäuden und Pubs, sondern auch kilometerweit ganze Straßenzüge in den Städten. Hierfür werden sie einfach an den Straßenlaternen aufgehängt.

Luftige Blütenfülle – Ampeln für den Balkon

Relativ einfach ist die Erstellung einer Ampel. Im Fachhandel wird eine umfangreiche Palette von geeigneten Gefäßen angeboten: von preisgünstigen Kunststoffgefäßen bis zu schweren, edlen Terrakottaampeln. Ihr Durchmesser reicht meist von 25 cm mit einem Substratvolumen von etwa 3 l bis hin zu 40 cm mit Platz für 13 l Erde. Andere Maße zu wählen erscheint wenig sinnvoll, denn kleinere Gefäße trocknen zu schnell aus, und größere werden zu schwer. Weiterhin gibt es in den gleichen Maßen auch halb runde Wandkörbe.

Die Pflegemaßnahmen entsprechen denen eines Balkonkastens, eventuell muss man häufiger gießen. Vorteilhaft sind hierfür Ampeln mit einem Wasserreservoir oder eine Tröpfchenbewässerung.

Für einen geschlossenen, runden Blütenkranz werden die Pflanzen gleichmäßig auf der mit Erde befüllten Ampel verteilt. Das Gefäß sollte mindestens drei Pflanzen Platz bieten, kleine Gefäße mit nur zwei Pflanzen wirken unausgewogen. Auch hier gilt es, Sorten zu wählen, die vom Wuchscharakter wie auch von ihren

Einfach, aber sehr wirkungsvoll sind Ampeln, die mit nur einer buschig-überhängenden Balkonblumen-Sorte bepflanzt werden.

Farben her harmonieren. Bei großen Ampeln mit 40 cm Durchmesser setzt man eine aufrecht bis buschig wachsende Pflanze in die Mitte und platziert in Abhängigkeit von der Wuchsstärke etwa sechs überhängende Pflanzen um sie herum. So entsteht keine leere Mitte, sondern eine großzügige Halbkugel.

Üppig und edel: Hanging Baskets

Noch beeindruckender für den Betrachter sind Hanging Baskets: Sie werden nicht wie Ampeln nur auf der Oberseite bepflanzt, sondern auch an den Seitenwänden des Gefäßes. Hierzu bedarf es spezieller Körbe, die sowohl aus einem Drahtgitter als auch aus Kunststoff sein können. Der traditionelle Hanging Basket mit meist 25–35 cm Durchmesser besteht aus feuerverzinktem Draht, hat einen grünen Farbanstrich und wird vor der Bepflanzung mit grünem *Sphagnum*-Moos ausgekleidet. Das Moos wird getrocknet im Handel angeboten. Aber es gibt auch eine Reihe von alternativen Einsätzen zum Auskleiden der Gitter- oder Plastikkörbe: Kokosfasermatten, wasserdichte Pappe (mit vorgestanzten Pflanzlöchern), Wollmatten und Ähnliches. Pappe nimmt viel Wasser auf, veralgt jedoch leicht.

Die Bepflanzung eines Baskets erfordert etwas Geschick. Verwendet werden hierbei Jungpflanzen oder sehr kleine Ware mit kleinem Wurzelballen, da man den Pflanzenballen von außen durch die Gitterstäbe stecken muss. Je nach Wuchsstärke werden für einen Korb mit 35 cm Durchmesser etwa neun bis zwölf Pflanzen benötigt: z. B. eine aufrecht bis buschig wachsende **Zentralpflanze** für die Mitte des Korbes, drei stärker wüchsige Hängepflanzen für die obere **Randbepflanzung** und sechs Hängepflanzen mit etwas schwächerem Wuchscharakter für eine bis zwei **seitliche Bepflanzungsreihen**. Bei großen Körben können zusätzlich noch die Zwischenräume mit **Füllpflanzen** ergänzt werden.

Pflanzschritte für einen Hanging Basket

- Den Draht- oder Kunststoffkorb in eine Schale oder auf einen Topf stellen, damit er

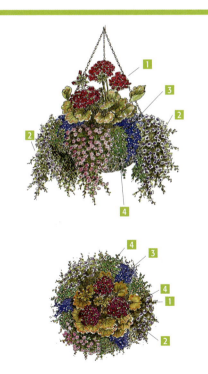

Bepflanzung eines Hanging Baskets
1 Zentralpflanze, 2 Stärkere Hängepflanze,
3 Kleinere Hängepflanze, 4 Blattschmuckpflanze (Füllpflanze)

nicht wegrollen kann. Moos etwa 25 Minuten in Wasser einweichen. Anschließend die nassen Mooslappen von innen an die Gitterstäbe drücken. Am Boden des Korbes beginnen und nach oben arbeiten, bis das Moos etwa 2–3 cm über den oberen Rand hinausragt. Die Seitenrandstärke sollte etwa 2 bis 3 cm betragen. Alternativ hierzu kann der Basket auch mit Kokosfaser- oder Altpapiermatten ausgekleidet werden. Diese werden zur Vereinfachung passend zur Korbgröße angeboten. Zuletzt kann man noch einen Kunststoffuntersetzer auf den Korbboden legen, der als kleines Wasserreservoir dienen soll. Auch tropft so nicht zu viel Wasser auf den Boden.

- Die Pflanzen werden in Reihen von unten nach oben in den Korb gesetzt. Hierfür füllt man den Korb zunächst mit einer Schicht Erde. Für die unterste Reihe sticht man nun mit den Fingern oder einem Messer gleichmäßig verteilt Pflanzlöcher in die Verkleidung. Der Pflanzabstand sollte etwa 10–15 cm betragen, je nach Wuchsstärke der Pflanze. Anschließend steckt man vorsichtig den Pflanzenballen von außen durch das Gitter und zieht von innen.
- Ist die untere Etage mit Pflanzen besetzt, wird Erde nachgefüllt, bis die Pflanzenballen gut bedeckt sind. Die Erde anschließend leicht andrücken.
- Nun kann die nächste Etage gepflanzt wer-

Handwerkszeug für einen Hanging Basket: Drahtkorb, Mooslappen bzw. Kokosfaser- oder Altpapiermatten, gute Blumenerde **1**. Den Gitterkorb mit Mooslappen bzw. Kokosfaser- oder Altpapiermatten von innen her auskleiden **2**. Etage für Etage die kleinen Pflanzballen vorsichtig durch die Gitter stecken und zwischendurch Erde nachfüllen **3**.

den. Hierbei geht man wie bei der untersten Etage vor, nur dass die Pflanzen zur darunter liegenden Reihe versetzt angeordnet werden, also jeweils zwischen den darunter befindlichen Pflanzen. Anschließend wieder Erde nachfüllen und dann leicht andrücken.

- Zuletzt wird die Oberseite des Baskets gepflanzt. In die Mitte setzt man eine aufrecht bis buschig wachsende Zentralpflanze, am Korbrand, versetzt zur darunter liegenden Reihe, die stärker hängenden Pflanzen. Die Erde andrücken, eventuell mit restlichem Moos abdecken, gründlich mit einer feinen Brause angießen und den Korb aufhängen.

Hanging Baskets pflegen

Hanging Baskets benötigen eine intensivere Pflege als Ampeln. Wasser- und Nährstoffbedarf sind sehr hoch und erfordern bis zu drei Gießgänge am Tag. Hinzu kommt, dass durch das offene Gefäß und die große Oberfläche mehr Wasser verdunstet als in einem Balkonkasten aus Kunststoff. Auch muss man beim Gießen sehr behutsam vorgehen, da sonst schnell das Gießwasser heraustropft. Erleichtert wird das Gießen durch einen Einfüllstutzen oder durch einen kleinen, leeren Topf, den man in den Korb einsetzt. Etwas sicherer ist die Verwendung eines Kunststoff-Baskets mit integriertem Wasserreservoir. Weiterhin ist es vorteilhaft, dem tonhaltigen Substrat einen Lang-zeitdünger mit 5–6 Monaten Wirkungsdauer beizumischen und die Vorratsdüngung eventuell im Spätsommer nochmals zu wiederholen bzw. mit einer Flüssigdüngung weiter zu düngen.

Pflanzenauswahl für Hanging Baskets

Einfache Hanging Baskets kann man **mit nur einer Pflanzenart**, eventuell auch mit unterschiedlichen Farbsorten, gestalten. Attraktive Baskets ergeben sich z. B. mit Edellieschen, Fleißigen Lieschen und Hängefuchsien für halbschattige Plätze, Hängegeranien (z. B. 'Basky'-Line), kleinblütige Petunien und Zauberglöckchen für sonnige Standorte.

Anspruchsvoll und spannend ist eine Kombina-

Pflanzenbeispiele für gemischte Hanging Baskets

Zentralpflanzen als Mittelpunkt	Aufrechte und buschige Sorten von Fuchsien und Geranien, Wandelröschen, Vanilleblume
Stärkere Hängepflanzen für die Randbepflanzung auf der Korboberseite	Hängende Sorten von Fuchsien und Geranien, kleinblütige Hängepetunien, 'Million Bells'-Zauberglöckchen, 'Temari'-, 'Tukana'- und 'Babylon'-Verbenen, Blaue Fächerblume, Schneeflockenblume, Ziererdbeere, Girlandenbegonien, Als Blattschmuckpflanzen: Mottenkönig, Gundermann
Kleinere Hängepflanzen für die seitliche Bepflanzung	Lobelien, Aztekengold, Elfensporn, Elfenspiegel, Blaues Gänseblümchen, Gazanien
Füllpflanzen	Lobelien, Milliflora-Petunien, Fleißige Lieschen
Blattschmuckpflanzen	Heiligenkraut, Polsterknöterich, Zier-Oregano

tion **mit verschiedenen Pflanzenarten.** Bei einer ungünstigen Pflanzenkombination und -entwicklung kann der Basket jedoch im Hochsommer relativ struppig aussehen. Ein gelungener Hanging Basket aus verschiedenen Pflanzen gilt daher als Aushängeschild für hohes gärtnerisches Können.

In guten Fachgärtnereien finden Sie auch bereits fertige, harmonisch aufeinander abgestimmte Kombinationen. Hierfür werden die Sorten bereits als Stecklinge in einem Topf zusammen herangezogen. Solche Kombinationen können aus drei Farbsorten einer Art bestehen, wie z. B. den 'Trixi'-Zauberglöckchen oder aber auch aus drei verschiedenen Arten, z. B. aus Petunien, Zauberglöckchen und Verbenen, genannt 'Confetti Garden'.

Experimentierfreudige können in Hanging Baskets auch Kräuter, Duftpflanzen, Naschobst und sogar Gemüsearten setzen.

Als Naschobst eignen sich besonders neue Erdbeersorten aus Saatgut, die über den ganzen Sommer weiße und rosa Blüten bilden und reichlich Früchte ansetzen. Besonders schmackhaft sind auch kleine Cocktail-Tomaten, die speziell für die Bepflanzung von Balkonkästen und Ampeln gezüchtet wurden. Ampeltomaten sollten nur an regengeschützten Standorten aufgehängt werden, damit Laub und Früchte den ganzen Sommer gesund bleiben.

Bei Kräutern bezaubert nicht nur der Duft, sondern auch die unterschiedlichen Formen und Grüntöne der Laubblätter. Ein regelmäßiges Beernten der Kräuter durch Abschneiden der Triebspitzen fördert die Verzweigung und den kugeligen Aufbau des Baskets.

Very british: Hanging Baskets zieren in Großbritannien Eingangsbereiche von Geschäften, Pubs und auch ganze Straßenzüge.

Nicht nur für das Auge, sondern auch für den Gaumen ein Augenschmaus: Hanging Basket aus verschiedenen duftenden Kräutern.

Der Duftbalkon – Eldorado für die Nase

In einem Drittel aller Pflanzenfamilien gibt es Arten, die duftende Substanzen produzieren, etwa ätherische Öle, Balsame und Harze. Solche intensiv duftenden ätherischen Öle werden von den Pflanzen in speziellen Drüsenzellen gespeichert und von diesen wieder abgegeben. Mitunter bestehen die Duftnuancen aus 50–200 oder, wie bei der Ölrose, sogar aus 400 verschiedenen Komponenten. Ihre Zusammensetzung kann je nach Pflanzenstandort sehr individuell sein, da die Standortfaktoren – insbesondere Licht, Temperatur und angebotene Nährstoffe – die Produktion dieser Pflanzeninhaltsstoffe stark beeinflussen.

Bei Pflanzen mit duftenden Blättern, z. B. Duftpelargonien, vielen Heil- und Gewürzkräutern, geschieht die Verbreitung des Duftes bei Berührung. Mitunter genügt bereits ein leichter Windstoß. Am deutlichsten wirkt der Duft, wenn man ein Blatt leicht zwischen den Fingern reibt. Vermutlich stellt der Duft einen natürlichen Schutz der Pflanzen vor dem Abgrasen durch Tiere bzw. vor dem Befall mit Schädlingen dar. Anders die Blütendüfte: Hier dient die Verbrei-

Ein solches Duftkabinett zieht nicht nur Insekten, sondern auch Blicke und Nasen auf sich: Lavendel, *Lantana montevidensis* mit duftenden, fliederfarbenen Blütendolden, gelb-grün panaschierter Zitronenthymian und auberginefarbener Salbei.

MEIN RAT

Die Duftproduktion ist u. a. auch stark tageszeitabhängig. So kann bei Blüten, die von nachtaktiven Bestäubern besucht werden, der Duft in den Abendstunden besonders stark sein (z. B. Engelstrompete und Ziertabak).

tung des Duftes der Vermehrung, nämlich der Anlockung von potenziellen Bestäubern, und geschieht spontan, ohne äußeren Einfluss. Düfte haben die Menschheit schon seit grauer Vorzeit in ihren Bann gezogen. Archäologische Funde, z. B. in den Pharaonengräbern, haben immer wieder bestätigt, dass sich die Menschen schon vor zehntausend Jahren mit Duftpflanzen und aromatischen Heilpflanzen umgeben haben. Mit Wohlgeruch und Düften wurden im alten Ägypten Göttlichkeit, Reinheit und Kraft assoziiert. Heute sind aromatische Essenzen zu wichtigen Elementen moderner Therapien geworden, insbesondere der Aromatherapie. Hierbei wird die harmonisierende Wirkung von ätherischen Ölen benutzt, um bei einem unausgeglichenen Zustand, beispielsweise bei nervösen Verspannungen, Gereiztheit, Depressionen, Angstzuständen, aber auch bei Schnupfen und Husten wieder zum Gleichgewicht zurückzufinden.

Viele Pflanzendüfte können das geistig-seelische Gleichgewicht beeinflussen und tragen somit zu einem gesteigerten körperlichen Wohlbefinden bei. Eine richtige Auswahl duftender Pflanzen auf dem Balkon kann also zu einer positiven Wirkung auf den Gemütszustand führen. Bei so manchem »Gestressten« bringt das Schnuppern an einer duftenden Pflanze die Stimmung wieder ins Lot und weckt angenehme Erinnerungen.

Gestaltung einer Duftoase

Dazu können verschiedene duftende Kübelpflanzen, Stauden, Kräuter und Balkonblumen miteinander arrangiert werden. Viele unserer üppig blühenden Balkonpflanzen haben im Laufe der Pflanzenzüchtung zuGunsten von Blühreichtum und Großblütigkeit ihren natürlichen Duft eingebüßt. Die Auswahl älterer Sorten, z. B. bei Verbenen, die vielleicht weniger blühen, aber dafür umso intensiver duften, lohnt sich. Mit Duftpflanzen lässt sich ein edles oder insbesondere mit anregenden Zitrusdüften ein mediterranes Ambiente schaffen. Dies sollte auch bei der Auswahl der Gefäße berücksichtigt werden. Ein Plastiktopf wirkt hier eher fehl am Platz, während schlichte, edle Terrakottagefäße den Zauber des Gesamtbildes unterstreichen.

Die Schokoladenkosmee verströmt einen angenehmen Schokoladenduft.

Eine Auswahl duftender Pflanzen für Balkon und Terrasse

Pflanzenart	Botanischer Name	Blütenfarbe	Verwendung	Bemerkung
Topf- und Hängenelken	*Dianthus caryophyllus*	Weiß, gelb, rot, rosa	Balkonkasten, Ampeln	Duftende Blütenpflanze, besonders geeignet für Gebirgsregionen
Vanilleblume	*Heliotropium arborescens*	Blauviolett, weiß	Balkonkasten, Schalen, große Töpfe	Warmer Vanilleduft der Blüten
Duftsteinrich	*Lobularia maritima*	Weiß, blau und gelbe Töne	Balkonkasten, Ampeln, Unterpflanzung von Kübeln	Intensiv nach Honig duftend
Elfenspiegel	*Nemesia fruticans*	Weiß	Balkonkasten, Ampeln	Nur Blüten der weißen Sorten duften
Ziertabak	*Nicotiana alata*	Weiß	Balkonkasten, Kübelpflanze	Betörender Blütenduft in der Dämmerung
Verbenen	*Verbena*-Sorten	Weiß, rot, rosa, blauviolett	Balkonkasten, Ampeln	»Schnuppertest« beim Einkaufen, nicht alle Sorten duften
Zitronenverbene	*Aloysia triphylla*	Violett	Kübelpflanze	Frischer Zitrusduft der Laubblätter
Götterduft	*Coleonema album*	Weiß	Kübelpflanze	Duftende, kleine Blüten
Schokoladenkosmee	*Cosmos atrosanguineus*	Samtiges Rotbraun	Kübelpflanze	Blüten duften toll nach Schokolade
Bartnelken	*Dianthus barbatus*	Weiß, rot, rosa	Kübelpflanze	Schwerer Blütenduft
Lavendel	*Lavandula angustifolia*	Blauviolett	Kübelpflanze	Niedrige Sorten eignen sich auch für Balkonkästen
Englische Rosen und andere Rosenarten bzw. -sorten	*Rosa*-Sorten	Weiß, gelb, rosa, rot, lavendelfarben	Kübelpflanze bzw. auch als Kletterpflanzen	Schwere Blütendüfte
Salbei	*Salvia greggii*	Weiß, orange, rot, blau	Kübelpflanze	Kleine, duftende Blüten
Duftwicken	*Lathyrus odoratus*	Weiß, rot, rosa, lila	Kletterpflanze	Alte Sorten verwenden, süßer Blütenduft

Weitere Details siehe bei den Pflanzenporträts Seite 88 ff.

Kulinarische Höhepunkte: Balkongemüse und Kräuter

Selbst gezogene Gemüsearten und Kräuter von einem noch so kleinen Balkon sind ein besonderes Vergnügen. Die Freude über eine gelungene Kultur ist groß, die Früchte der Gartenarbeit lassen sich auch kulinarisch verwerten und schmecken, selbst geerntet und vollreif, besonders gut. **Kräuterkombinationen** in einem Balkonkasten wirken keinesfalls langweilig. Von vielen Arten gibt es inzwischen panaschierte (gefleckte) und buntblättrige Sorten, die nicht nur auf dem Balkon eine große Zierde sind, sondern auch in verschiedensten Speisen. Lavendel, Ysop, Rosmarin, Salbei u. a. begeistern zudem auch durch attraktive Blüten. Unter den **Gemüsearten** eignen sich besonders solche mit leckeren Früchten und langer Erntezeit, wie Busch- und Stabtomaten (vorzugsweise rote und gelbe Kirsch- und Cocktailtomaten), Gemüse- und Gewürzpaprika, Auberginen und exotische Andenbeeren *(Physalis peruviana)*. Sie gedei-

Die leuchtenden Früchte verschiedener Balkongemüse-Arten schmecken nicht nur köstlich, sondern setzen auch farbliche Akzente auf Balkon und Terrasse.

hen am besten an einem geschützten, warmen und sonnigen Standort und können ab Mitte Mai auf den Balkon geräumt werden. Auch Feuerbohnen, Zuckermais, Erdbeerspinat, Zucchini, Einlege- und Freilandsalatgurken sind zu empfehlen. Für **Salate** pflanzt man am besten mehrmals kleinere Sätze, wobei besonders der köstliche, aromatische Rucola zu empfehlen ist. Auch **Kräuter** wie z. B. Thymian, Basilikum, Schnittlauch, Petersilie, Dill, Salbei, Lavendel, Zitronenminze und andere Minze-Arten wollen hell und sonnig stehen. Für sie eignet sich auch noch ein halbschattiger Balkon.

Anzucht und Pflege

Zu Beginn der Balkonpflanzenzeit werden im Fachhandel verschiedenste Balkongemüse- und Kräutersorten angeboten. Die neu erworbenen Pflanzen wollen möglichst schnell umgetopft werden. Bei der Auswahl der Gefäße sollte man für Fruchtgemüse-Arten auf große, schwere Kübel mit einem Volumen von 10 l und mehr zurückgreifen. Kleinere Gefäße trocknen zu schnell aus und bieten zu geringe Standfestigkeit. Dunkle Plastikcontainer erhitzen sich zu stark; in diesem Fall ist ein Übertopf sehr sinnvoll. Bei Tomaten, Gurken und Feuerbohnen müssen die Triebe an Stäben aufgeleitet werden. Oder man befestigt eine Schnur an der Balkondecke.

Kräuter auf dem Balkon

Kräuter lassen sich sehr schön als schmuckes Mini-Kräuterbeet in Balkonkästen, aber auch in Ampeln und Hanging Baskets arrangieren.

MEIN RAT

Mitunter dauert bei wärmeliebenden Gemüsearten wie Tomaten, Paprika und Auberginen die Anzucht über zehn Wochen, sodass man besser größere Jungpflanzen im Frühsommer beim Gärtner kauft.

Spektakulär in Ampeln ist z. B. die Kletterpflanze Jiagulan. Der rustikale Charakter lässt sich durch eine Kultur in Terrakottagefäßen, bunten Keramiktöpfen, Holztrögen und Weidenkörben vorteilhaft unterstreichen.

Kräuter wollen etwas behutsamer gedüngt und gewässert werden. Bei hart- und kleinlaubigen Kräutern sollte man daher das Substrat mit grobem Sand abmagern. Eine Dränageschicht am Boden schützt zusätzlich vor Staunässe. Regelmäßiges Abernten der Triebspitzen führt bei vielen Kräutern zu einem buschigen, kugeligen Aufbau. Mehrjährige, verholzende Kräuter können in einem hellen, frostfreien Raum überwintert werden. Für die nächste Balkonsaison sollten die Pflanzen dann im zeitigen Frühjahr knapp über dem alten Holz zurückgeschnitten werden.

Eine Auswahl interessanter Küchenkräuter für Balkon- und Terrassengärten

- **Ein- und zweijährige Arten:** Basilikum, Bohnenkraut, Borretsch, Dill, Kerbel, Majoran, Petersilie, Rucola.

- **Mehrjährige Arten:** Ananassalbei, Bergbohnenkraut, Estragon, Currykraut, Lavendel, Liebstöckel, Minze-Arten, Origanum, Pimpernelle, Rosmarin, Salbei, Schnittknoblauch, Schnittlauch, Thymian, Ysop, Zitronenmelisse, Zitronenverbene.

Bei der Überwinterung vor zu viel Nässe und vor Kahlfrösten schützen.

Auswahl exklusiver Duft- und Gewürzkräuter für den Balkon-Gourmet

Duft- und Gewürzkräuter	Botanischer Name	Bemerkung
Jiaogulan-Kraut der Unsterblichkeit	*Gynostemma pentaphyllum*	Kletterpflanzen (bis 4 m hoch) mit gefiederten Laubblättern; Blätter werden in der Traditionellen Chinesischen Medizin verwendet
Ysop, Essigkraut	*Hyssopus officinalis*	Mehrjährig; weiß, rosa und blau blühende Sorten
Echter Lavendel	*Lavendula angustifolia*	Duftlavendel der Provence; blaue Blüten ab Hochsommer; winterhart
Ananasminze, Apfelminze Orangenminze	*Mentha rotundifolia* *Mentha × piperita* var. *citrata*	Minze-Arten mit unterschiedlichen Duft- und Geschmacksrichtungen
Multi-Pfefferminze	*Mentha × piperita* 'Multimentha'	
Rotblättriges Basilikum	*Ocimum*-Sorten 'Oase', 'Oman'	Einjährig; auch sehr kleinblättrige Sorten, Blüten in Dunkelrosa
Pizza-Oregano	*Origanum vulgare* ssp. *viride* var. *heracleoticum*	Mehrjährig; blaugrünes Laub, weiße duftende Blüten
Englischer Majoran	*Origanum vulgare* ssp. *vulgare* 'Thumble's Variety'	Laubblätter in Lindgrün
Buntblättriger Salbei	*Salvia officinalis* 'Icterina', 'Tricolor'	Blattschmuckpflanze mit gelbgrünem bzw. weiß-grünem Laub
Korsischer Rosmarin	*Rosmarinus officinalis* 'Corsican Blue'	Mehrjährig; ab Spätsommer himmelblaue Blüten
Süßkraut	*Stevia rebaudiana*	Staude aus Südamerika; bei uns einjährig; Laubblätter mit hoher natürlicher Süßkraft; bis 1 m hoch
Zitronenthymian	*Thymus × citriodorus*	Mehrjährig; auch Sorten mit weißgrün und gelbgrün panaschierten Blättern
Provence-Thymian	*Thymus vulgaris* 'Fleur Provencale'	Mehrjährig

Für Romantiker: der Balkon als Gartenlaube

Kahle Wände und auch die Überdachung eines Balkons lassen sich wunderbar begrünen; dies verwandelt den Balkon in eine romantische Gartenlaube, eine Rückzugsmöglichkeit zum Entspannen und Träumen. Solche begrünten Wände bieten nicht nur einen Schutz vor neugierigen Blicken, sondern auch vor Sonne, Regen und störendem Lärm. Auch mit frei stehenden begrünten Wänden gelingt es, sich eine grüne Nische zu schaffen.

Die Gestaltungsmöglichkeiten sind sehr vielfältig: Grünpflanzen wie Efeu und Wilder Wein schaffen Behaglichkeit, Blütenpflanzen setzen farbige Akzente und duftende Kletterpflanzen beleben die Atmosphäre auf dem Balkon. Zur Begrünung eignen sich sowohl **einjährige** als auch **mehrjährige Schling- und Kletterpflanzen.** Mehrjährige Kletterer brauchen frostharte Gefäße und einen dicken Winterschutz gegen tiefe Fröste und gegen Trockenschäden durch die intensive Frühjahrssonne bei noch gefrorenem Boden. Tropische und subtropische Kletterpflanzen sollten in einem warmen Wintergarten überwintert werden.

Begrünte Wände und Kletterpflanzen schirmen von der hektischen Außenwelt ab und vermitteln Geborgenheit und Gemütlichkeit.

Begrünen mit Kletterpflanzen

Bei einer Kombination mehrerer Kletterpflanzen ist es vorteilhaft, jeder Pflanze ein eigenes Gefäß zu bieten, da Wasser- und Düngeransprüche der Arten oft stark variieren. Bei einjährigen wie auch bei mehrjährigen Kletterpflanzen müssen mit dem Einpflanzen gleichzeitig **Kletterhilfen und Pflanzstützen** angebracht werden. Berücksichtigen Sie dabei die Kletterweise:

- **Ranker,** wie Glockenrebe, Kapuzinerkresse, Duftwicke, Clematis, Wein und Wilder Wein, bilden zierliche Rankorgane aus, die sich nur an dünnen Kletterstäben, Schnüren und Bambusstäben gut festhalten können. Diese werden am besten als Netz oder Gitter auf den Balkonwänden oder als frei stehende Spalierwände angebracht.
- **Schlinger,** wie Prunkwinde, Schwarzäugige Susanne, Feuerbohnen, Hopfen und Kiwi, umfassen mit ihren Trieben die Haltevorrichtungen spiralförmig. Für sie eignen sich am besten Kletterdrähte und verzinkte oder gestrichene Baustahlmatten mit unregelmäßiger Oberfläche, gespannte Schnüre in Scherengitterform oder Bambusstabgitter mit bis zu 2 cm Stabdurchmesser zum Greifen. Beim anfänglichen Aufleiten die Rankrichtung (im oder gegen den Uhrzeigersinn) beachten!
- Kletterrosen zählen zu den **Spreizklimmern:** Sie halten nicht unbedingt von alleine fest, sondern müssen z. B. an einem an der Wand

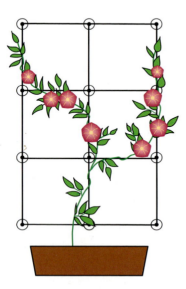

Für die Begrünung von Wänden eignen sich Seilverspannungen. Diese können an der Hauswand befestigt oder vor die Wand gespannt werden.

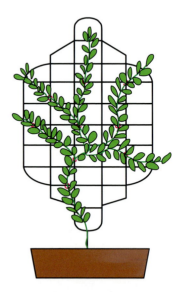

Frei tragende Kletterhilfen werden in ein schweres, standfestes Gefäß eingesenkt oder an einer Wand befestigt.

befestigten Scherengitter festgebunden werden. Für sie eignen sich Konstruktionen aus Latten, Stäben, Spannseilen aus Draht mit horizontaler Ausrichtung.

- Schattige Standorte lassen sich auch mit **selbst kletternden Pflanzen** hervorragend begrünen, z. B. mit verschiedenen Efeuarten. Efeu klettert mit speziellen Haftwurzeln von alleine. Dies kann jedoch die Unterlagen, z. B. den Putz, evtl. in Mitleidenschaft ziehen.

Auch an eine **Unterpflanzung der Kletterpflanzen** sollte gedacht werden. Zierliche, farblich abgestimmte Sommerblüher, die die Topfoberfläche überziehen, unterstreichen das naturnahe Ambiente und bieten am Fuß einen Schutz vor Austrocknung und Überhitzung.

Als Unterpflanzung für große Kletterpflanzen eignen sich auch niedrig wachsende Blattschmuckpflanzen. Zu den schönsten zählen *Dichondra*-Sorten, bekannt als Silber- und Smaragdwinde. Nur wenige Pflanzen können in kurzer Zeit mit ihren nierenförmigen Blättchen das gesamte Gefäß bedecken. Robust zeigt sich der Polsterknöterich. Seine drahtigen Zweige tragen viele kleine, herzförmige Blätter. In milden Regionen kann er auch überwintern, allerdings braucht man im Frühjahr etwas Geduld, bis der Neuaustrieb der kleinen Laubblättchen wieder erscheint. Wer für eine Unterpflanzung Blütenpflanzen bevorzugt, sollte zu kompakten Selektionen greifen, z. B. von Aztekengold und Zauberschnee.

Mit begrünten, freistehenden Wänden lassen sich auf Balkonen und Terrassen unkompliziert kleine, behagliche Gartenlauben arrangieren.

Die schönsten Balkonpflanzen

In guten Fachgärtnereien blühen und gedeihen zu Beginn der Balkonsaison im Mai nahezu hundert verschiedene Arten und Sorten! Doch wer die Wahl hat, hat auch die Qual der Entscheidung: Hier finden Sie Arten und Sorten für alle Standorte und Geschmäcker.

Bemerkungen vorab

Auf den folgenden Seiten werden ausgewählte Pflanzenarten für die Balkongestaltung vorgestellt. Dabei wurden die Blütenpflanzen für den Balkon in Gruppen eingeteilt: Je nachdem, wie leicht die Arten zu pflegen und wie gut sie im Handel erhältlich sind, unterscheiden wir ein Standardsortiment und ein Liebhabersortiment. Innerhalb der Sortimentsgruppen sind die Pflanzen nach botanischen Namen von A bis Z geordnet.

Das **Standardsortiment** umfasst pflegeleichtere Arten, die mit geringem Aufwand und mit nur wenigen Tricks ab Mai bis fast zum Frosteinbruch blühen. Für Einsteiger und Berufstätige mit wenig verfügbarer Zeit sind sie genau das Richtige. Keinesfalls ist dieses Sortiment altmodisch oder langweilig. Gerade neuere Arten und Sorten zählt man heute zum Standardsortiment einer jeden Gärtnerei, denn längst haben die Züchter die Wünsche ihrer Kunden erkannt: Sie wollen reich blühende, unkomplizierte Sorten in großer Farbauswahl.

Für Pflanzenfans und für alle Neugierigen gibt es zusätzlich ein kleines **Liebhabersortiment.** Diese Pflanzen sind in der Regel etwas anspruchsvoller und erwarten für eine reiche Blühleistung ein bisschen mehr Zuwendung von ihren Besitzern.

Zu einer Gestaltung mit üppigen Blütenpflanzen gehören **Blattschmuckpflanzen,** auch als **Strukturpflanzen** bezeichnet.

In einer bunten Kombination wirken sie als Ruhepol und ausgesprochen entspannend auf die Augen des Betrachters.

Für Duft- und Würzkrautfreunde wurde eine kleine Auswahl an **Duftpflanzen** zusammengestellt, die teilweise sogar eine kulinarische Verwendung erlauben.

Zuletzt folgen noch die **Kletterpflanzen.** Sie schaffen Sichtschutz und Geborgenheit auf Balkon und Terrasse und bezaubern mit wunderschönen Blüten.

Die empfohlenen Sorten erhalten Sie in jeder gut sortierten Gärtnerei (siehe auch Seite 122). Bei den **Pflegehinweisen** erfolgen Angaben zur Düngerkonzentration wie bei den Profigärtnern in %. Die Umsetzung ist denkbar einfach; z. B. werden für eine 0,2 %ige Düngerkonzentration 2 g eines festen Düngers bzw. 2 ml eines handelsüblichen Flüssigdüngers in 1 l Gießwasser aufgelöst.

MEIN RAT

Gute Fachgärtnereien präsentieren zu Beginn der Beet- und Balkonpflanzensaison viele Muster-Balkonkästen und bepflanzte Gefäße als Orientierungshilfe zur Gestaltung. In vielen Bundesländern küren die Zierpflanzengärtner eine besondere Pflanzenneuheit zur »Balkonpflanze des Jahres«. Diese zeichnet sich durch besonders hohe Attraktivität, Gesundheit und Reichblütigkeit aus.

Blütezeit: ✿ in Monaten   Standort: ☼ sonnig   ◐ halbschattig   ● schattig   Wasserbedarf: 🪣 viel   🪣 mittel   🪣 wenig

Das Standardsortiment: blütenreich und zuverlässig

Strauchmargerite
Argyranthemum frutescens

 5–10   A

Allgemeines: Die Ursprungsart unserer heutigen Sortenpalette ist ein 1 m hoher, weißblühender Strauch der Kanarischen Inseln. Durch Kreuzungen mit anderen *Argyranthemum*-Arten entstanden neben den weißen auch in gelben und in pink Tönen blühende Sorten mit einfachen oder gefüllten Einzelblüten.
Blütezeit: Mai bis Frosteinbruch.
Standort: Vollsonnige Standorte sind Voraussetzung für eine reiche Blüte. Gute Windverträglichkeit.
Pflege: Strauchmargeriten sind sehr nährstoffbedürftig. Als Topferde empfehlen sich nährstoffreiche und tonhaltige Blumenerden, z.B. Einheitserde T. Einen Monat nach der Pflanzung kann mit einer kontinuierlichen Düngung von wöchentlich 0,3 % eines ausgewogenen Volldüngers begonnen werden. Verwelkte Blütenstände regelmäßig entfernen, um ständig eine neue Blütenbildung anzuregen.
Pflanzen, die zur Überwinterung vorgesehen sind, sollten ab Anfang September nicht mehr gedüngt und an einem hellen, luftigen Ort bei Temperaturen zwischen 5 und 10 °C überwintert werden. Im Frühjahr, vor dem erneuten Austriebsbeginn, die Pflanzen um ein Drittel zurückzuschneiden. Ungleichmäßige Wasser- und Düngegaben sowie vergessenes Ausputzen führen dazu, dass die Strauchmargeriten in ausgeprägten Schüben blühen.
Pflanzenschutz: Minierfliegen, Wurzelkropf, seltener Blattläuse, Weiße Fliege und auch Spinnmilben.
Sorten: Für Balkonkästen schwächer und kompakt wachsende Sorten wählen, z.B. die weiße 'Dana'. Wüchsiger sind die zitronengelbe 'Butterfly' und die tiefrosa, gefüllt blühende 'Summer Melody' und die 'Percussion'- und 'Daisy Crazy'-Serien mit vielen Farbsorten in Pink-, Hellrosa-Tönen, Gelb und Weiß.

Zu den schönsten und zuverlässig blühenden Strauchmargeriten zählt die tiefrosa, gefüllt blühende Sorte 'Summer Melody'.

Pflegeintensität: A Anfänger   F Fortgeschrittene   S Spezialisten

Knollen- und Girlandenbegonien
Begonia **Tuberhybrida-Gruppe**
Begonia boliviensis

 5–9   A

Allgemeines: Die Elternarten der Knollenbegonien sind Stauden aus den Anden, die als Knolle überwintern. Das heutige Sortiment unterteilt sich in stehende, halbhängende und stark hängende Sorten, z. B. die Girlandenbegonien. Deren lang herabhängende, stark verzweigte Triebe mit schmalem, zierlichem Laub sind übersät von den bis zu 10 cm großen, locker gefüllten Blüten.
Blütezeit: Mai bis Ende Oktober.
Standort: Halbschattig, bevorzugt regen- und windgeschützt, da die Triebe bei Belastung leicht brechen. Nur bei gleichmäßiger Wasserversorgung auch für geschützte, sonnige Balkone geeignet.
Pflege: Als Substrat gute Blumenerde wählen, z. B. Einheitserde. Die wärmebedürftigen Pflanzen erst ab Mitte Mai auspflanzen. Vier Wochen später mit der Nachdüngung beginnen von wöchentlich 0,2 % eines Volldüngers. Die Pflanzen gleichmäßig feucht halten, aber Staunässe auf jeden Fall vermeiden. Abgeblühte Blüten regelmäßig gründlich entfernen, um die Entstehung von Blüten-Grauschimmel zu vermeiden.
Pflanzenschutz: Knollenbegonien werden bei lang anhaltender Regenperiode und im Spätherbst oft von Echtem und Falschem Mehltau befallen. Beste Vorbeugemaßnahme ist die Wahl eines luftigen und regengeschützten Standortes. Befallene Blätter entfernen.
Sorten: Schöne stehende Sorten sind z. B. die 'Nonstop'-Serie und 'Pin Up Flamme' mit ein-

Den ganzen Sommer hinweg entwickelt die attraktivste Girlandenbegonie 'Illumination Apricot' große, gefüllte Blüten in Gelb bis Apricot.

Die überhängenden 'Tenella'-Begonien mit ihren Fibrata-Blüten blühen bis zum Frost, am besten ist ein sonniger Standort.

fachen, orangegelben Blüten. Die gefüllt blühende, halbhängende 'Panorama'-Serie und die Girlandenbegonien der 'Illumination'-Serie gibt es in den Farben Weiß, Lachsrosa, Zartrosa, Apricot und in Gelb.

Zu voluminösen Ampelpflanzen mit eindrucksvollen, großen gefüllten Blüten entwickeln sich die 'Belleconia'-Serie, die orangefarbene 'Elserta' und die an Apfelblüten erinnernde 'Champagner'. Die Sorten bleiben auch frei von Echtem Mehltau. Unkomplizierte Blühwunder sind die neuen *Begonia boliviensis*-Sorten 'Bonfire', 'Summerwings' und 'Waterfall Encanto Orange'. Die starkwüchsigen Hängepflanzen bilden unzählige, glockenförmige Blüten.

Goldzweizahn
Bidens ferulifolia

 5–10   ☼–◐   A

Allgemeines: Die buschige, 50–60 cm hohe und kurzlebige Staude mit den goldgelben, duftenden Blüten ist in Mexiko und Arizona beheimatet. Im Süden der USA und in Lateinamerika gilt sie als hartnäckiges Unkraut in Mais-, Getreide- und Sojafeldern. Der Name Zweizahn geht auf die Früchte, die mit zwei widerhakigen Fortsätzen versehen sind, zurück. Infolge der enormen Wuchskraft neigen *Bidens* dazu, Partnerpflanzen im Balkonkasten bereits nach wenigen Wochen zu überwuchern. Die Züchtung konzentriert sich daher heute auf kompakt wachsende Sorten mit größeren, leuchtenden Einzelblüten.

Blütezeit: Anfang Mai bis Oktober. Sehr hohe Fernwirkung der gelben Blüten.

Standort: Vollsonnig bis halbschattig, jedoch weniger Blüten an halbschattigen Standorten.

Pflege: *Bidens ferulifolia* zählt zu den wasser- und nährstoffbedürftigsten Balkonpflanzen. Als Substrat eignen sich nährstoffreiche Blumenerden mit 20–30 %igem Tonanteil bzw. einer Kompostbeimischung bis 40 %. Nach dem Einwurzeln wöchentlich ein- bis zweimal mit 0,2–0,3 % eines Volldüngers düngen. Pflegeleichte Kultur, nur Trockenheit führt schnell zu Blütenfall.

Pflanzenschutz: Robuste Pflanze. Selten Weiße Fliege und Thripse; Echter Mehltau, v. a. bei hoher Tagtemperatur und sehr kühlen Nächten.

Sorten: 'Golden Star', 'Solaire M Star' (kompaktere, sehr reichblütige Sorten) und 'Peters Goldteppich' (größere Blüten), 'Tweety' (gefüllte Blüten), 'Yellow Charme' (kompakte Beetsorte) und 'Pirates Pearl' (starkwüchsig, weiße Blüten).

Die größeren, goldgelben Blüten von *Bidens ferulifolia* 'Peter's Goldteppich'[(P)] verströmen einen betörend zarten Duft.

Zauberglöckchen
Calibrachoa-Sorten

 5–10   ☞ N

Allgemeines: Obwohl hängende *Calibrachoa*-Sorten kleinblütigen Hängepetunien ähneln, handelt es sich hier um eine eigene Pflanzengattung. Vor wenigen Jahren wurde sie durch Zufall in einem brasilianischen Weinberg entdeckt. Nach erfolgreicher züchterischer Bearbeitung in Japan erobern sich die Zauberglöckchen seit ihrer Markteinführung 1997 aufgrund ihrer enormen Reichblütigkeit immer mehr unsere Balkone.
Blütezeit: Mai bis Frosteinbruch.
Standort: Sonnig. Relativ wetterfeste Pflanzen.
Pflege: *Calibrachoa*-Sorten sind pflegeleicht, jedoch nährstoffbedürftig. Als Topferde eignen sich nährstoffreiche, leicht saure Einheitserden. Drei Wochen nach der Pflanzung kann mit einer Düngegabe von 0,2–0,3 % eines Volldüngers ein- bis zweimal je Woche begonnen werden. Werden die jüngeren Blätter gelb, ist eine sofortige Eisendüngung zu empfehlen; die Pflanzen erholen sich damit innerhalb einer Woche.
Pflanzenschutz: Blattläuse und Wurzelerkrankungen.
Sorten: Am Markt sind mehrere Sortengruppen erhältlich: 'Million Bells', 'Aloha', 'Celebration' und 'Mini-Famous' jeweils in verschiedenen Farbtönen. Sorten in Kirschrot, in Terrakotta und in Rot wachsen stärker und breit ausladend, während pink, blauviolett, weiß und cremegelb gefärbte Sorten sich sehr gleichmäßig und kriechend-überhängend entwickeln. Gelb, orange und rot blühende Sorten reagieren sehr empfindlich auf Staunässe. Mitunter kann in wenigen Tagen die Pflanze komplett zusammenbrechen!

MEIN RAT

Zauberglöckchen reagieren sehr stark auf Eisenmangel. Besonders sensibel ist die weiße Sorte. Bei hartem Gießwasser deshalb vorsorglich in leicht saure Erde (z. B. Petunien-Erde) topfen und einmal pro Monat zusätzlich einen speziellen Eisendünger geben.

Fuchsie
Fuchsia-Sorten und *F. triphylla*-Sorten

 5–10   ☞ A

Allgemeines: Als der französische Pater Charles Plumier Anfang des 17. Jahrhunderts die erste Fuchsie aus Santo Domingo in der Karibik nach

Herrlich farbenfrohe Farbenspiele ermöglichen die Zauberglöckchen. Sie schmücken Balkone den ganzen Sommer lang mit ihrer überreichen Blüte.

Europa brachte, konnte er nicht ahnen, dass in den folgenden Jahrhunderten bis heute etwa 10 000 Fuchsien-Sorten gezüchtet werden sollten. Die Sortenvielfalt umfasst stehende und hängende Typen mit einfachen, halbgefüllten und gefüllten Blüten in violetten, rosaroten, roten und weißen Farbtönen sowie zweifarbige Sorten. Schlankere, länglichere Blüten haben die *Fuchsia triphylla*-Sorten mit ihren traubigen Blütenständen und den langen Einzelblüten.

Blütezeit: Mai bis Oktober. Manche Sorten reagieren bei großer Hitze mit einer reduzierten Blühleistung.

Standort: Halbschatten. Im Schatten werden weniger Blüten gebildet. Einige Sorten eignen sich auch für sonnige Standorte, darunter die *Fuchsia triphylla*-Sorten (z. B. 'Koralle', 'Leverkusen' und 'Thalia') und die sonnenverträgliche 'Sunangels'.

Pflege: Für die Pflanzung lockere und gut durchlüftete Blumenerde (z. B. Einheitserde) wählen. Fuchsien sind zwar nährstoffbedürftig, reagieren aber sehr empfindlich mit Wachstumspausen auf höher konzentrierte Düngemischungen. Deshalb kontinuierlich mit einer schwachen Düngelösung von 0,08 % eines Volldüngers gießen. Für einen anhaltenden Blütenflor Fruchtansatz regelmäßig entfernen, Wurzelballen nie austrocknen lassen und die Düngung nicht vernachlässigen. Sollen Pflanzen überwintert werden, ab Anfang September die Düngung einstellen und in einen hellen Raum mit 4–8 °C Überwinterungstemperatur einräumen.

Pflanzenschutz: Spinnmilben, Weiße Fliege, Blattläuse und Fuchsienrost.

Sorten: Unglaubliche Sortenvielfalt. Viele Blüten im Halbschatten entwickelt die Serie 'Shadow Dancer'. Sehr attraktiv als Solitärpflanze und als Ampeln sind die Kalifornischen Traumfuchsien mit ihren großen, gefüllten Blüten. In jüngster Zeit werden auch vermehrt sonnenverträgliche

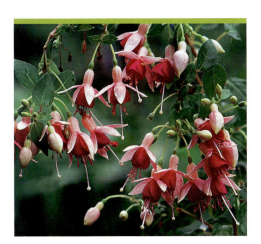

Die Gattung *Fuchsia* wurde nach dem im 16. Jahrhundert wirkenden Arzt und Botaniker Leonhard von Fuchs benannt.

Die für sonnige Standorte geeigneten *Fuchsia triphylla*-Sorten sind erkennbar an ihrem dunkleren Laub und an den langröhrigen Blüten.

Fuchsien angeboten, z. B. die Sorte 'Sunangel Aloha'. Für sonnige Standorte eignen sich ebenso die Triphylla-Fuchsien.

Gazanie
Gazania-Sorten

 5–10   A

Allgemeines: Heimatgebiet der einjährigen, bis 25 cm hohen und leicht überhängenden Gazanien ist das tropische, südliche Afrika, sie sind jedoch auch in Spanien eingebürgert. Die Blüten setzen Akzente auf sonnigen Balkonen.
Blütezeit: Mai bis Ende Oktober.
Standort: Nur für vollsonnige Balkone. Nachts, bei schlechter Witterung und im Schatten schließen sich die Blüten.
Pflege: Zur Pflanzung ein gut durchlässiges Substrat wählen. Behutsam gießen. Trockenere Kultur fördert die Blühwilligkeit, jedoch darf der Wurzelballen nicht austrocknen. Vier Wochen nach der Pflanzung mit einer regelmäßigen Düngung beginnen, entweder wöchentlich mit 0,2 % eines Volldüngers oder mit einer 0,1 %igen Düngelösung bei jeder Wassergabe. Abgeblühte Blütenstände regelmäßig entfernen, um die Blühleistung zu erhalten.
Pflanzenschutz: Blattläuse.
Sorten: Es gibt sowohl über Stecklinge als auch über Saatgut vermehrte Sorten in den Farben Weiß, Gelb, Orange (z. B. 'Orange Magic'), Rosa und Bronze, z. T. mit silbrigem Laub (z. B. 'Sonnengold') oder mit gefüllten Blüten. Eine attrak-

Die auffallenden Blüten der schönen Gazaniensorte 'Morgensonne Gelb mit Roten Streifen' können einen Durchmesser von 7 cm und mehr besitzen.

tive Zeichnung auf den Blütenblättern besitzen z. B. die Sorte 'New Magic' und die großblütige Sorte 'Morgensonne Gelb mit Roten Streifen', beide in Gelborange mit schwarzbraunen Streifen auf den Blütenblättern.

Vanilleblume
Heliotropium arborescens

 5–10   N

Allgemeines: Der immergrüne, aufrecht wachsende Strauch mit den angenehm nach Vanille duftenden, blauvioletten Blüten stammt ursprünglich aus den peruanischen Anden. Bei uns wird er sowohl als Balkonpflanze wie auch als attraktive Kübelpflanze oder als Hochstämmchen angeboten. *Heliotropium arborescens* verzaubert Balkone nicht nur durch seinen Duft, er lockt auch Schmetterlinge an.
Blütezeit: Mai bis Oktober.
Standort: Für reiche Blüten- und Duftentwicklung bevorzugt sonnige Plätze, aber auch lichtreicher Halbschatten ist möglich. Wind- und regengeschützte Standorte sind zu empfehlen, da bei anhaltender Nässe die Blüten faulen.
Pflege: Der Nährstoff- und Wasserbedarf ist in den Sommermonaten hoch. Vier Wochen nach der Pflanzung in nährstoffreiche Blumenerde (z. B. in Einheitserde T) mit einer kontinuierlichen Düngung von 0,2 % eines Volldüngers beginnen. Das Entfernen der abgeblühten Blütenstände fördert die Blühwilligkeit. Büsche und Hochstämmchen können bei Temperaturen von 5–10 °C an einem hellen Ort überwintert werden.
Pflanzenschutz: Grauschimmel bei anhaltenden Schlechtwetterperioden, Blattläuse, Spinnmilben.
Sorten: Überwiegend sind blauviolette Sorten im Handel, z. B. die starkwüchsigen 'Marine', 'Marino Blue', 'Nagano', die tief violettblaue 'Incense' und die kleinwüchsige 'Baby Marine'. Es gibt außerdem weiße Sorten.

Schnuppern ist beim Einkaufen der Vanilleblume angesagt: Nicht alle Sorten duften intensiv.

Edellieschen
Impatiens Neuguinea-Gruppe

 5–9   A

Allgemeines: Die Eltern der bekannten, unkomplizierten Topf-, Beet- und Balkonpflanze wurden erst in den 70er Jahren bei einer Expedition auf Neuguinea entdeckt. Durch intensive

Züchtungsarbeit entstand bis heute eine Vielfalt an Sorten, die nicht nur durch ihre Fülle von weißen, rosafarbenen, roten, orange, violetten und zweifarbigen Blüten besticht, sondern auch durch ihre interessante Blattzeichnung.

Blütezeit: Mai bis September.

Standort: Halbschattige und schattige, geschützte Standorte. Bei gleichmäßiger Wasserversorgung (nicht austrocknen lassen!) kommen die Edellieschen auch in sonnigen Lagen zurecht. Für sonnige Standorte sind besonders die 'Sunpatiens'-Lieschen geeignet.

Pflege: *Impatiens*-Neuguinea sind kälteempfindlich. Deshalb ist eine sichere Auspflanzung erst ab Mitte Mai empfehlenswert. Zur Pflanzung gute Blumenerden wählen, die nicht zu stark aufgedüngt sind. Die Düngung sollte wöchentlich in einer Konzentration von 0,2 % erfolgen. Gleichmäßige Wassergaben und ein gelegentliches Ausputzen der abgeblühten Blüten garantieren einen anhaltenden Blütenflor.

Pflanzenschutz: Spinnmilben, Blütenthripse, Blattläuse und Weichhautmilben.

Sorten: Gegenwärtig sind über 100 Sorten am Markt. Für die Balkonbepflanzung sollten Serien mit robusten, größer werdenden Pflanzen gewählt werden, z. B. 'Paradise'-Serie, 'Colorpower'-Serie, 'Sonic'-Line u. a.

MEIN RAT

Edellieschen sind empfindlich für hohe Salzkonzentrationen im Wurzelbereich. Diese und Ballentrockenheit führen zu Verbrennungen an den Blatträndern. Auf Dauerdünger verzichten, da die Nährstoffabgabe unregelmäßig und in Abhängigkeit von der Bodentemperatur erfolgt. Besser regelmäßig flüssig düngen.

Fleißiges Lieschen
Impatiens walleriana

 5–10   ☼–◐   A

Allgemeines: Durch Zufall gelangte *Impatiens walleriana* nach Europa. Bei einer Sendung tropischer Pflanzen aus Ostafrika und Sansibar zu den berühmten Kew Gardens in London im Jahr 1880 befand sich zufälligerweise Samen in der Versanderde.

Blütezeit: Mai bis Oktober.

Standort: Für die meisten Sorten ist ein regengeschützter, halbschattiger Standort ideal. An

Die umfangreiche Farbpalette der Edellieschen reicht von weiß über orange, rosa, rot und violett bis hin zu zweifarbig blühenden Sorten.

schattigen Stellen werden weniger Blüten gebildet. Sonnentauglichkeit bewies die kleinblütige 'Firefly'-Serie, auch als Feuerlieschen bekannt.
Pflege: Zur Pflanzung nicht zu stark aufgedüngte Blumenerden wählen. Die schwachzehrenden Pflanzen behutsam im Abstand von 10 bis 14 Tagen mit einer Konzentration von 0,2 % eines guten Volldüngers düngen. Gleichmäßiges Gießen ist ganz wichtig: Bei Trockenheit im Wurzelbereich kommt es zum Zusammenfallen der Blätter und Blüten. Die fleischigen Triebe können zwar wieder austreiben, werden die Pflanzen jedoch zu feucht gehalten, entwickeln sich große, mastige Pflanzen mit weniger Blüten. *Impatiens walleriana* gelten als pflegeleicht.
Pflanzenschutz: Falscher Mehltau, Blattläuse, Spinnmilben, Thripse. Bei feuchter Witterung auch auf Schnecken achten.

Sorten: Es gibt viele verschiedene Sortenserien mit leuchtenden Blütenfarben in weißen, roten, rosa, orange und violetten Tönen. Interessant sind auch weiß gesternte Blüten und Sorten mit mosaikartigem Blütenmuster. Besonders edel und wie kleine Röschen wirken halbgefüllte (z. B. 'Victorian Rosec in Pink) und gefüllte Sorten (z. B. 'Silhouette'-Serie, 'Fiesta'-Serie und 'Musica'-Serie).

Wandelröschen
Lantana camara

❁ 5–10 ☼ 💧 ☞ A

Allgemeines: Die Urformen der heutigen Sorten stammen aus dem tropischen Amerika. *Lantana camara*-Sorten sind mehrjährige, ver-

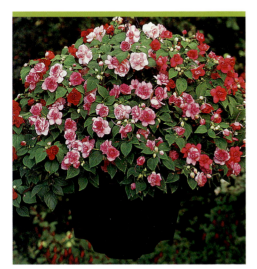

Die Blüten der gefüllt blühenden Fleißigen Lieschen aus der 'Fiesta'-Serie wirken sehr edel und wie kleine Röschen.

Die schöne *Lantana camara*-Sorte 'Prof. Raoux' entwickelt sich in Balkonkästen sehr üppig und blüht zuverlässig und reichlich bis zum Frost.

holzende Sträucher mit doldigen Blütenständen in leuchtenden Farbtönen von Gelb, Orange und Rot, selten auch in Violett und Weiß. Gerne werden sie auch als dekorative Kübelpflanzen, als Busch oder Hochstämmchen gezogen. Der Name »Wandelröschen« rührt daher, dass bei einem Teil der Sorten je nach Alter der Blüten Farbvariationen auftreten. Wandelröschen werden gerne von Schmetterlingen besucht.

Blütezeit: Mai bis Ende Oktober.

Standort: Sonnig und windgeschützt.

Pflege: *Lantana camara*-Sorten haben einen hohen Nährstoffbedarf. Zur Pflanzung sollten gute, nährstoffreiche Blumenerden (z. B. Einheitserde T) gewählt werden. Drei bis vier Wochen später kann mit einer regelmäßigen Düngung einer 0,2 bis 0,3 %igen Volldüngerlösung ein- bis zweimal je Woche begonnen werden. Pflanzen mäßig feucht halten, Trockenheit führt jedoch zum Einrollen der Blätter. Für einen andauernden Blütenflor die kleinen, schwarzen Steinfrüchte regelmäßig entfernen. Die Früchte und alle anderen Teile der Wandelröschen sind giftig. Überwintert werden können die Pflanzen in einem hellen Raum bei 5–10 °C. Anschließend im Frühjahr kräftig zurückschneiden und für einen buschigen Aufbau mehrfach entspitzen.

Pflanzenschutz: Häufig Weiße Fliege, seltener Spinnmilben, Blattläuse und Blütenthripse.

Sorten: Für Balkonkästen und Kombinationspflanzungen eignen sich besonders neue Serien, die sich gut verzweigen und nicht so stark verholzen, z. B. die Serien 'Bandana', 'Lucky', 'Luxor', 'Simon' und 'Tropic Lantanas', jeweils in vielen Farbsorten von Weiß, Gelb, Orangerot bis Purpurrot. Sehr reichblühend ist auch die purpurfarben blühende Art *Lantana montevidensis*.

Lobelie, Männertreu
Lobelia erinus

 5–10   F

Allgemeines: Diese dichte, Kissen bildende Staude blüht an ihrem Heimatstandort in Südafrika mit zahllosen, kleinen, rosavioletten Blüten von Frühjahr bis Herbstbeginn. Für den Balkonkasten und für Ampeln eignen sich sehr gut halbhängende und hängende Sorten, die über Stecklinge vermehrt werden. Diese selektierten Sorten blühen aufgrund ihrer sterilen Blüten gleichmäßiger und anhaltender.

Blütezeit: Mai bis Oktober. Saatgutsorten blühen meist nur bis Ende August.

Standort: Keine vollsonnigen, sondern helle,

Im Halbschatten und bei behutsamen, gleichmäßigen Wassergaben blühen Lobelien über den Sommer hinweg.

aber geschützte Lagen fördern die Haltbarkeit und Dauerhaftigkeit der Blüten.
Pflege: Zur Pflanzung humusreiche Blumenerden mit guter Struktur wählen. Der Nährstoffbedarf ist gering. Je nach Wachstum der Pflanzen kann im Abstand von ein bis zwei Wochen mit 0,1–0,2 % eines guten Volldüngers gedüngt werden. Lobelien wollen gleichmäßig feucht gehalten werden. Ballentrockenheit ist unbedingt zu vermeiden. Aber auch Staunässe ist schädlich, sie führt zum Faulen der Pflanzen. Über Stecklinge vermehrte Sorten sind pflegeleicht und blühwillig. Saatgutsorten müssen für einen weiteren Flor kräftig zurückgeschnitten werden, sobald die erste Blüte nachlässt.
Pflanzenschutz: Virosen, *Xanthomonas*-Bakteriose, Weiße Fliege und Thripse.
Sorten: Lobeliensorten blühen in den Farben Violettblau, Ozeanblau, Weiß, Blau-Weiß und in Rosa. Zu den schönsten und blühintensivsten hängenden Serien mit bis zu 50 cm langen Trieben zählen 'Curaçao', 'Hot', 'Heaven' und 'Laguna Trailing'-Sorten. Manche Serie, z. B. die 'Hot'-Serie, gelten als besonders hitzestabil. Sie eignen sich auch für sonnige Standorte.

Kapkörbchen
Osteospermum ecklonis

 5–10   A

Allgemeines: Eine große Variabilität in der Wuchsform zeigt dieser aus der östlichen Kapprovinz in Südafrika stammende Strauch: So gibt es sowohl stark aufrecht wachsende Vertreter dieser Art mit einer Höhe bis über 1 m als auch kompakte, überhängende Typen. Gemeinsam haben sie die attraktiven, bis 10 cm großen Korbblüten mit der auffälligen purpurvioletten oder blauen Mitte. Besonders interessant sind die Sorten mit löffelförmigen Zungenblüten.
Blütezeit: Mai bis Ende Oktober, in der Regel jedoch auffällige Blühpause in den heißen Sommerwochen.
Standort: Vollsonnig. Bei Dunkelheit und schlechter Witterung schließen die Blüten.
Pflege: Für die Pflanzung am besten nährstoffreiche Blumenerden mit Tonanteil wählen. Wöchentliche, ein- bis zweimalige Gaben von 0,2–0,3 % eines Volldüngers sind für die nährstoffbedürftigen Pflanzen empfehlenswert. Gleichmäßig feucht halten und Verblühtes regelmäßig herausschneiden.

Die aufrechten Kapkörbchen-Sorten mit lanzettlichen und löffelförmigen Zungenblüten können im Sommer eine Höhe bis 40 cm und mehr erreichen.

MEIN RAT

Bei hohen Temperaturen im Sommer ist eine Blühpause bei den Kapkörbchen unausweichlich. Jetzt auf keinen Fall die Pflanzen vernachlässigen! Durch sorgfältiges Ausputzen, Düngen und Wässern lässt sich die Blühpause bis zu den kühleren Tagen verkürzen.

Pflanzenschutz: Blattläuse, Minierfliegen, Weiße Fliege und Thripse.
Sorten: Für eine Balkonkastenbepflanzung eignen sich am besten kompaktere Sorten, aufrecht wachsende Sorten hingegen mehr als Kübelpflanze. Die Farbpalette reicht von Weiß, Gelb, Rosa und Purpurrot bis Violett. Auch eine Ampelbepflanzung ist mit leicht überhängenden Sorten möglich (z. B. 'Voltage Yellow').
Einen starken Blütenflor ohne Blühpause entwickeln die kompakt buschige 'Symphony'- und 'Summer Daisy'-Serien mit mehreren Sorten und Farben von Zitronengelb über Orange bis Cremefarben – gut geeignet für bunte Balkonkasten-Arrangements.

Pelargonien, Geranien
Pelargonium peltatum und *Pelargonium* × *hortorum*

Allgemeines: Balkonpflanze Nr. 1 ist die Pelargonie, allgemein auch als Geranie bezeichnet. Dieser Namenswirrwarr ist darauf zurückzuführen, dass die vor 300 Jahren nach Europa eingeführten Pelargonien fälschlicherweise zu den heimischen, staudigen Storchschnabeln (*Geranium*) eingeordnet wurden. Die robuste Südafrikanerin zählt zu den zuverlässigsten Balkonpflanzen. Sie ist gesund und widerstandsfähig und verzeiht auch so manche vergessene Wassergabe. Das Sortiment ist kaum überschaubar. Zu den etwa 10 000 bestehenden Sorten kommen jährlich etwa 100 Neuzüchtungen hinzu. Angeboten werden sowohl **aufrechte Geranien** (*Pelargonium* × *hortorum*) als auch **Hängegeranien** (*Pelargonium peltatum*). Für Pflanzenliebhaber sind weiterhin interessant die **Duft-, Wild- und Schmuckblattpelargonien** (siehe Seiten 90, 77 und 86).
Blütezeit: Mai bis Frosteinbruch.
Standort: Vollsonnige wie halbschattige Lagen sind geeignet, doch werden im Halbschatten weniger Blüten gebildet. An windigen Standorten können die Triebe abbrechen. Für halbgefüllte und gefüllte Sorten sind regengeschützte Balkone ideal.
Pflege: Pelargonien sind nährstoffbedürftige Pflanzen. Als Substrat eignen sich gut aufgedüngte Blumenerden mit 20- bis 30 %igem Tonanteil. Mit einer regelmäßigen Düngung sollte drei bis vier Wochen nach der Pflanzung begonnen werden. Empfehlenswert sind Düngegaben von 0,2–0,3 % eines Volldüngers einmal, bei starkwüchsigen Pflanzen auch zweimal je Woche. Alternativ hierzu kann auch mit einer leichten Düngelösung von 0,1 % ständig gewässert werden. Pflanzen mäßig feucht halten. Zu hohe Wassergaben führen zu großen, brüchigen Blättern und bei Hängegeranien zu Verkorkungen an den Blattunterseiten. Bei anhaltenden Niederschlägen kommt es häufig zu Fäulnis an gefüllten Blüten. Diese sollten dann lieber

ausgeputzt werden. Damit wird der Pflanze auch die Neuanlage von Blütenknospen erleichtert. Geranien können an einem hellen Standort bei Temperaturen zwischen 6 und 8 °C leicht überwintert werden. Die Pflanzen dabei jedoch relativ trocken halten.

Pflanzenschutz: *Xanthomonas*-Bakteriose, Blattläuse, Thripse und Grauschimmel bei anhaltender Nässe.

Sorten: Bei den Hängegeranien *(Pelargonium peltatum)* erfreuen sich überwiegend einfach blühende und stark wachsende Sorten mit enormer Blühintensität großer Beliebtheit. Sie sind u. a. kennzeichnend für die Üppigkeit der Balkone in den Urlaubsregionen im Voralpenraum. Zu den Hauptsorten zählen z. B. die rot blühenden 'Feuer-Cascade' und 'Balcon Imperial', 'Ville de Paris' in Rosa und die pinkfarbene 'Acapulco'. Wer es etwas bescheidener möchte, greift zu den 'Compact Cascade'-Typen oder 'Mini-Cascade'-Sorten. Größere Einzelblüten mit enormer Leuchtkraft weisen die ebenfalls stark wachsenden 'Blizzard'- und 'Grand Idols'-Serien auf. Für regengeschützte Standorte eignen sich auch die halbgefüllten Hängegeranien in einer größeren Farbpalette.

MEIN RAT

Zweifarbig blühende Hängegeranien, z. B. die rot-weiße 'Mexikanerin', blühen im Sommer überwiegend rot. Grund hierfür ist ein »positiver« Virus, der normalerweise die rot-weiße Zeichnung der Blüten verursacht und bei hohen Temperaturen nur wenig aktiv ist.

Ein gelegentliches Durchputzen abgeblühter Blütenstände erleichtert den gefüllt blühenden Geranien die Nachblüte.

Pflegeleichte und absolut zuverlässig blühende Balkonblumen mit hervorragender Fernwirkung sind die 'Cascade'-Sorten der Hängegeranien.

Unter den stehenden Sorten *(Pelargonium × hortorum)* befinden sich überwiegend halbgefüllte bis gefüllte Typen in leuchtenden Farben wie Lachsrosa, Pink, Violett, Rot, Orange und Weiß. Neu und ungewöhnlich sind die neuen, aufrecht buschig wachsenden Stellar-Pelargonien. Sie tragen ginkgoähnliches Laub und geschlitzte Blüten in Sternform, die den Sommer über sehr reichlich erscheinen, z.B. die 'Fireworks', und die 'Graffiti'-Serien mit Blüten in mehreren, klaren Farben, 'Red Flash' mit schmucken, braunrot zoniertem Laub sowie 'Salmon Flash'.

Petunien
Petunia × atkinsiana

 5–9   A

Allgemeines: Schon Mitte des 19. Jahrhunderts wurden diese einjährigen, ursprünglich aus den wärmeren Regionen Südamerikas stammenden Sommerblumen in Europa kultiviert. Zu den wichtigsten Gruppen zählen die großblütigen, aufrecht bis überhängend wachsenden **Grandiflora-Petunien,** die kleinblütigen, unempfindlicheren **Multiflora-Petunien** und die stark-

Pflegeaufwand kalkulieren: Eine solch üppige 'Surfinia'-Petunien-Ampel verlangt im Sommer mehrmalige Wassergaben am Tag.

Die blau geaderte Sorte 'Blue Vein' wächst nicht nur am stärksten unter den 'Surfinia'-Petunien, sondern verströmt auch einen zarten Duft.

wüchsigen Hängepetunien, wie z.B. die 'Surfinia'-Petunien.
Blütezeit: Mai bis Ende September.
Standort: Sonnig bis halbschattig. Die Grandiflora-Petunien sind wind- und regenempfindlich. Wetterfest sind hingegen die kleinblütigen Hängepetunien.
Pflege: Petunien, insbesondere die Hängepetunien, sind zwar pflegeleicht, jedoch sehr wasser- und nährstoffbedürftig. Zur Pflanzung nährstoffreiche, tonhaltige Blumenerden wählen. Kontinuierlich mit 0,2–0,3 % eines guten Volldüngers ein- bis zweimal in der Woche nachdüngen. Die starkwüchsigen Hängepetunien besser ständig mit einer 0,1 %igen Düngelösung gießen.
Pflanzenschutz: Virosen, Blattläuse, Echter Mehltau bei lang anhaltenden Schlechtwetterperioden.
Sorten: Reiche Farbpalette von Weiß, Rot, Purpurrot, Pink, Hellrosa, Violett bis hin zu Gelb. Auch geaderte, gesternte, weiß gerandete und gefüllte Blüten. Sehr schön sind bei den Hängepetunien neue klein- und mittelgroßblütige Serien (z.B. 'Wispers', 'Petitunia', 'Conchita') und gefüllt blühende Serien (z.B. 'Sweet Sunshine'-Serie, die violettblau geaderte, duftende 'Tumbelina Priscilla' u. a.).

MEIN RAT

Petunien, insbesondere Hängepetunien, sind sehr empfindlich für Eisenmangel: Bei kalkreichem Gießwasser und Blattaufhellungen zusätzlich einmal im Monat Eisendünger verwenden.

Husarenknöpfchen
Sanvitalia procumbens

 5–10   ☞ A

Allgemeines: Die in Mexiko heimischen einjährigen Korbblütler bringen im Sommer unzählige knopfgroße, leuchtend gelbe oder orange Blütenkörbchen hervor, die wie kleine Mini-Sonnenblumen aussehen. Sie wachsen buschig, später überhängend und eignen sich ausgesprochen gut für unkomplizierte Balkonbepflanzungen.

Die pflegeleichten *Sanvitalia procumbens* werden seit 200 Jahren in Europa kultiviert. Sie werden auch als Miniatursonnenblume oder Husarenköpfchen bezeichnet.

Blütezeit: Mai bis Oktober.
Standort: Sonnig und warm. Windverträgliche Pflanze. Bei kühler, feuchter und trüber Witterung nur wenig Zuwachs.
Pflege: Das wärmeliebende Husarenknöpfchen ab Mitte Mai in tonhaltige Blumenerde mit guter Bodenstruktur pflanzen. Der Nährstoffbedarf liegt im mittleren Bereich. Ab Mitte Juni im Abstand von 14 Tagen mit 0,2%igen Volldüngergaben behandeln, größere Pflanzen ab Hochsommer auch wöchentlich düngen. Pflanzen gleichmäßig feucht halten, stauende Nässe, z. B. bei feuchter und trüber Witterung, wird nicht vertragen. Für einen regelmäßigen, starken Blütenflor sollten bis zum Herbst abgeblühte Triebe hin und wieder zurückgeschnitten werden.
Pflanzenschutz: Wurzelerkrankungen bei Staunässe, Blattläuse, Weiße Fliege und auch Spinnmilben.
Sorten: Größere Palette samenvermehrter Sorten mit einfachen oder gefüllten Blüten in Gelb und Orange mit meist schwarzer Mitte, z. B. 'Mandarin', 'Goldteppich' (gelb), 'Irish Eyes' (hellorange mit grüner Mitte).

Aztekengold
Sanvitalia speciosa

 5–10   A

Allgemeines: Die in Mexiko entdeckte Verwandte des Husarenknöpfchens, *Sanvitalia speciosa,* kam erst 1995 auf den Markt und zählt heute zu den Topsorten in Gelb für die Balkongestaltung. Schnell entwickelt sie dichte, stark verzweigte Blütenkissen mit Trieblängen bis zu 80 cm. Sehr schöner Kontrast zwischen den kleinen, leuchtend goldgelben Blütchen mit grüner Mitte und dem dunkelgrünen Laub. Aztekengold ist eine Balkonsorte mit Super-Leuchtkraft! Wegen der Schwachwüchsigkeit der Pflanzen beim Einkauf darf man sich nicht verunsichern lassen: Die Pflanzen treiben nach dem Einwurzeln stark aus und können auch mit stark wachsenden Partnern kombiniert werden (z. B. mit Zauberglöckchen 'Million Bells Cherry'). Trockene und schlappe Pflanzen sofort gießen, sie erholen sich dann schnell wieder. Aztekengold niemals mit dem Mottenkönig kombinieren. Dieser bringt es innerhalb weniger Wochen zum Absterben.

Ein Senkrechtstarter in der Beliebtheitsskala der Beet- und Balkonpflanzen: Aztekengold; Die Blüten wirken wie kleine Mini-Sonnenblumen.

Blütezeit: Mai bis zum Frosteinbruch.
Standort: Sonnig. Gute Windverträglichkeit.
Pflege: Pflegeleichte Balkonpflanze. Die kleinen Blütchen halten lange und putzen sich selbst aus. Mäßiger Nährstoffanspruch. *Sanvitalia speciosa* zunächst in durchlässige, gute Blumenerde mit Tonanteil (z. B. Einheitserde) pflanzen und nach dem Einwurzeln wöchentlich mit 0,2 % eines Volldüngers nachdüngen. Gleichmäßig feucht halten, die Pflanzen reagieren auf Ballentrockenheit sehr schnell mit Welke. Zu trockene Kulturführung führt zu einer schwachen Verzweigung und einer Abnahme der Blühleistung.
Pflanzenschutz: Aztekengold ist eine sehr gesunde, robuste Pflanze.
Sorten: 'Aztekengold', 'Cuzco' (rötliche Blattstiele) und 'Sunbini' (kompakter im Wuchs).

Blaue Fächerblume
Scaevola saligna

 5–10   A

Allgemeines: *Scaevola saligna* ist an sandigen Küstenregionen Westaustraliens und in Tasmanien beheimatet. Seit Ende der 80er Jahre ist die pflegeleichte und unermüdlich blühende Fächerblume auch bei uns bekannt. Attraktiv wirkt sie in Kombinationspflanzungen. Trotz des starken Wuchses verdrängt *Scaevola* die Nachbarpflanzen nicht.
Blütezeit: Mitte Mai bis Frosteinbruch.
Standort: Sonnige Lagen, gute Windverträglichkeit. Bedingte Eignung auch für den Halbschatten: Hier werden allerdings weniger Blüten gebildet.

MEIN RAT

Scaevola saligna reagiert wie die meisten Pflanzen aus Australien auf Eisenmangel. Besonders empfindlich sind die weiß blühenden Sorten. Bei hartem Gießwasser deshalb leicht saure Erden (z. B. Petunien-Erde) zur Pflanzung bevorzugen und bei ersten Eisenmangelsymptomen (Gelbwerden der jüngsten Blätter) speziellen Eisendünger geben. Mit Eisendünger-Lösungen jedoch nie über das Laub gießen, sondern nur direkt in die Erde.

Trotz ihres starken Wuchscharakters verdrängt die Blaue Fächerblume Nachbarpflanzen in Kombinationspflanzungen nicht.

Pflege: Starkzehrende Pflanze. Voraussetzungen für eine hohe Blühleistung sind nährstoffreiche Blumenerden mit Tonanteil (z. B. Einheitserde) und nach dem Einwurzeln eine Düngergabe von 0,2–0,3 % eines guten Volldüngers ein- bis zweimal je Woche (siehe auch den Tipp rechts). Mäßige, jedoch gleichmäßige Wasserversorgung. Stauende Nässe wird nicht vertragen. Die Pflanzen sind selbstreinigend.
Pflanzenschutz: Minierfliegen, Thripse und auch Weiße Fliege.
Sorten: Schöne Kombinationspflanzen sind blauviolette, großblütige Sorten, z. B. 'Blue Wonder' und die kompakteren 'New Wonder' und 'Saphira'. Weiterhin gibt es auch Sorten mit kleinen Blüten und weiße Sorten (z. B. 'Surdiva White').

Schneeflockenblume
Sutera-Sorten

✿ 5–10   A

Allgemeines: Die kriechende bis hängende *Sutera* mit ihren zahllosen kleinen Blüten stammt ursprünglich aus Südafrika, ist jedoch auch auf den Kanarischen Inseln eingebürgert. In ihrer Heimat lebt die Pflanze an relativ feuchten Standorten. Sie ist eine beliebte, selbstreinigende Hängepflanze für Balkonkästen und Ampeln mit niedrigem Wuchs.
Blütezeit: Mai bis Frosteinbruch. In wärmeren Regionen kann es im Spätherbst nochmals zu einem starken Blütenschub kommen. Die Pflanzen erfrieren erst bei Temperaturen unter −5 °C. Bei sehr hohen Temperaturen im Hochsommer ist eine Blühpause möglich.
Standort: Sonnig bis halbschattig. Im Halbschatten werden weniger Blüten gebildet.
Pflege: Zur Pflanzung leicht saure, strukturstabile, gute Blumenerden mit 20 % Tongehalt bevorzugen. Vier Wochen nach der Pflanzung mit einer mäßigen Düngung, z. B. wöchentliche Gaben von 0,2–0,3 % eines guten Volldüngers, beginnen. Düngepausen führen zu einer verminderten Blühleistung. Sehr wichtig ist eine gleichmäßige Bewässerung: Staunässe sowie Trockenheit sind zu vermeiden. Letztere führt schnell zu Blattfall und zum Rieseln der Blüten.
Pflanzenschutz: Weiße Fliege, Thripse und Grauschimmel.
Sorten: 'Snowflake' mit kleinen weißen Blüten,

Schneeflockenblumen bilden in den heißen Hochsommerwochen nur im Halbschatten und bei gleichmäßiger Feuchte zuverlässig Blüten.

'Cabana', 'Blizzard', 'Copa', 'Whiteshowers' und anderen Sorten mit größeren weißen Einzelblüten, außerdem auch hellviolette und perlmuttfarbene Sorten.

Verbenen, Eisenkraut
Verbena-Sorten

 5–10   F

Allgemeines: Die Gattung *Verbena* umfasst vermutlich über 250 zwei- und mehrjährige Arten aus Europa, Nord- und Südamerika. Die meisten Arten und viele Sorten verströmen einen angenehmen Duft. Verbenen sind auch beliebte Schmetterlingspflanzen. Für Balkonkästen und Ampeln eignen sich besonders überhängende und blühintensive Stecklings-Verbenen.
Blütezeit: Mai bis Frosteinbruch.
Standort: Sonnig. Gute Windverträglichkeit.
Pflege: Pflanzung in gute, tonhaltige Blumenerden. Drei bis vier Wochen später sollte mit einer wöchentlichen Düngegabe von 0,2 bis 0,3 % begonnen werden. Pflanzen gleichmäßig feucht halten, jedoch Staunässe vermeiden. Regelmäßiges Herausnehmen der abgeblühten Dolden fördert die Nachblüte.
Pflanzenschutz: Echter Mehltau bei Schlechtwetterperioden und im Herbst. Die Sortenanfälligkeit ist sehr unterschiedlich. Weiterhin Weiße Fliege, Blattläuse, Spinnmilben.
Sorten: Die Farbpalette der Hängeverbenen reicht von Blau-Violett über Rot, Purpurrot, Rosa und Weiß bis hin zu zweifarbigen Typen. Neben altbewährten Sorten sind viele Neuzüchtungen auf dem Markt. Sie lassen sich unterscheiden einerseits in Sorten mit teppichartigem, dichtem Wuchs, kleinem Laub und kleinen Blütendolden und andererseits in starkwüchsige Sorten mit großen Blütendolden. Zu den teppichartigen Verbenen zählen z. B. die 'Tapien'- und 'Ipanema'-

MEIN RAT

Bei Verbenen auf gleichmäßige Wasser- und Düngegaben achten und das Ausputzen verblühter Dolden nicht vergessen, sonst blühen viele Sorten in ausgeprägten Schüben bei insgesamt abnehmender Blühleistung.

'Tukana'-Verbenen bilden wie die 'Temari'- und 'Diamond'-Verbenen besonders große Blütenbälle mit großen Einzelblüten.

Serien in vielen Farbsorten. Sie lassen sich sowohl für Kombinationspflanzungen wie auch als Bodendecker und für die Grabbepflanzung verwenden. Besonders eindrucksvoll sind die großen Blütendolden der Serien 'Empress', 'Fuego', 'Temari', 'Lanai', 'Vegas' und 'Tukana'. Die Farbpalette der großblumigen Sorten ist sehr umfangreich, darunter gibt es auch Sonderfarben wie Orangerot, wie auch Sorten mit zweifarbigen und gesternten Blüten. Als Besonderheit werden gefüllt blühende Sorten, wie z. B. die 'Roccoco'-Serie angeboten. Bei großblumigen Verbenen empfiehlt es sich, die abgeblühten Blütendolden gelegentlich auszubrechen, um den weiteren Blütenflor zu fördern. Bei der reichen Sortenauswahl bleibt jedoch ein kleiner Wermutstropfen: Bei allen Verbenen-Sorten kann vor allem bei feuchter Spätsommer-Witterung Echter Mehltau auftreten.

Verbenen werden auch als »KombiPots« angeboten. Hierfür zieht der Fachgärtner Jungpflanzen mehrerer Verbenen-Sorten bzw. verschiedener Arten gemeinsam in einem Kulturtopf an. Geeignete Sorten wurden zuvor in Bezug auf Farbabstimmung und Wuchsverhalten von Züchterfirmen selektiert. In der Gärtnerei erhält man eine fertige Kombination, die bei entsprechender Pflege keine Wünsche offen lässt. Eindrucksvoll sind Verbenen-Kombinationen in Beeren-Tönen ('Trixi Wild Berries'), mehrfarbige Verbenen-Kombinationen mit extra großen Blüten ('Trixi Big Eye') oder Verbenen in Kombination mit Petunien und Zauberglöckchen ('Confetties', 'Mixis', Trixi-KombiPots).

Die blühfreudige kirschrote 'Babylon'-Verbene 'Cherry Red', kombiniert mit der Hängegeranie 'Candix Lilac' und Blattschmuckpflanzen. Gleichmäßige Wassergaben und trockenes Laub lassen die Pflanzen so gesund und wüchsig bleiben.

Das Liebhabersortiment – die Besonderen

Leinblättriger Gauchheil
Anagallis monellii

 5–9   F

Allgemeines: *Anagallis monellii* gehört zu den Primelgewächsen. An ihrem natürlichen Standort in Südwesteuropa und Nordafrika wachsen sie als kleine, an der Basis verholzende Sträucher. Für das Balkonpflanzensortiment hat man buschige, überhängende Typen selektiert. Die zarten Triebe erreichen etwa eine Länge von 40 cm. Ein besonderer Blickfang sind die kleinen, etwa 2 cm großen Blüten in leuchtendem Enzianblau.

Blütezeit: Ende Mai bis September. Nachts und bei schlechter Witterung schließen sich die Blüten.

Standort: Halbschatten, jedoch lichtreich. Pralle Sonne verträgt die Pflanze nicht besonders gut, zudem halten die Einzelblüten bei starker Einstrahlung nicht lange. Möglichst windgeschützt,

Die enzianblauen Blüten von *Anagallis monellii* öffnen sich nur bei trockener Witterung und bei ausreichenden Lichtverhältnissen.

Eine weitere, sehr schöne Balkonkasten- und Ampelpflanze ist *Anagallis tenella* mit unzähligen kleinen, orangeroten Blüten; hier z. B. die Sorte 'Sunrise'.

bei starkem Wind fallen die zierlichen Pflanzen leicht auseinander.
Pflege: *Anagallis monellii* in nährstoffreiche und gut durchlässige Substrate pflanzen. Die Pflanzen reagieren empfindlich auf Staunässe, dürfen jedoch nie austrocknen. Vier Wochen nach der Pflanzung wöchentlich mit 0,2 % eines Mehrnährstoffdüngers nachdüngen.
Pflanzenschutz: Grauschimmel, Blattläuse und Blütenthripse.
Sorten: 'Skylover' mit enzianblauen Blüten.

Zauberschnee
Chamaesyce hypericifolia

 5–10　　　 A

Allgemeines: Die erst vor wenigen Jahren in einem botanischen Garten in Costa Rica entdeckte tropische Wolfsmilch eroberte sich in kurzer Zeit einen festen Platz im Sommerflor-Sortiment. Die milchsaftführenden Pflanzen sind pflegeleicht und sehr gesund. Sie bilden eine Vielzahl von filigranen Trieben, die bei Kombinationspflanzungen die Blütenpflanzen umspielen. Der Name Zauberschnee ist auf die unzähligen, kleinen, schneeweißen Blütchen zurückzuführen, die die Pflanzen in den warmen Sommermonaten bilden und die beim Abblühen wie Schnellflocken fallen.
Chamaesyce hypericifolia wächst eher rund bis polsterartig und veredelt hervorragend Pflanzenarrangements, kann jedoch auch sehr gut als Solitärpflanzen verwendet werden.
Blütezeit: Mai bis Oktober, in warmen, lichtreichen Wintergärten auch ganzjährig.
Standort: Für reiche Blütenbildung vollsonnige Plätze bevorzugen, aber auch lichtreicher Halbschatten ist noch geeignet.
Pflege: Gut durchlässige Blumenerden wählen, um Wurzelfäule zu vermeiden. Pflanzen gleichmäßig feucht halten, der Wurzelballen darf nicht austrocknen, aber auch nie zu nass werden. Drei Wochen nach der Pflanzung mit einer mittelstarken Düngung beginnen: wöchentlich mit 0,2–0,3 % eines Volldüngers bzw. mit einer 0,05- bis 0,1 %igen Düngerlösung bei jeder Wassergabe. Die Pflanzen sind wärmebedürftig, daher nicht vor Mai auspflanzen. Auf Kälteeinbrüche im Frühjahr reagieren die Pflanzen sehr empfindlich: Die Triebe erschlaffen, es entstehen gelbe Blätter und im schlimmsten Fall können die Pflanzen auch absterben.
Pflanzenschutz: Spinnmilben und bei anhaltender Feuchtigkeit Grauschimmel.
Sorten: Im Handel sind überwiegend rein weiß blühende Sorten mit mittelgrünem Laub ('Dia-

Zauberschnee macht überall eine gute Figur, hier die Sorte 'Breathless Blush'.

mond Frost', 'Breathless White'). Weiterhin werden auch Sorten mit dunkelgrünen Blättern und etwas kompakterem Wuchs ('Silver Fog') angeboten. Hier wirkt der Kontrast zwischen den weißen Blüten und dem Laub besonders schön. Die kompakte, dunkellaubige Sorten 'Breathless Blush' besitzt weiße, leicht rosa angehauchte Blüten. Für Kombinationspflanzungen eignen sich besonders stärker wüchsige, voluminöse Sorten, da deren Triebe sich besser unter die anderen Pflanzenpartner mischen. Kompakt wachsende Sorten sind eher für kleinere Gefäße und Schalen gedacht.

Hänge-Löwenmäulchen
Antirrhinum majus

 5–10   F

Allgemeines: Die Ausgangsart der beliebten Löwenmäulchen ist im westlichen Mittelmeerraum und in Westasien beheimatet. Bereits im 17. Jahrhundert schmückten die beliebten Bauerngartenblumen unsere Gärten. Neben hohen Sorten für die Schnittblumengewinnung und kompakten, kleinwüchsigen Löwenmäulchen für die Bepflanzung von Sommerbeeten gewinnen hängende Formen für Balkonkästen und Ampeln zunehmend an Interesse.
Blütezeit: Mai bis zum Frosteinbruch. Eventuell Blühpause bei hohen Temperaturen im Hochsommer.
Standort: Sonnig und geschützt. Bei starkem Wind brechen die Triebe leicht ab.
Pflege: Hänge-Löwenmäulchen in nicht zu stark aufgedüngte, strukturstabile Blumenerden mit Tonanteil pflanzen. Dabei die Pflanzen nicht zu fest andrücken. Für gleichmäßige Feuchtigkeit sorgen, jedoch Staunässe unbedingt vermeiden. Ab Mitte Juni wöchentlich mit 0,2 % eines ausgewogenen Volldüngers nachdüngen. Verblühte Blütenstände hin und wieder entfernen, um Samenansatz und damit verbunden eine abnehmende Blühleistung zu verhindern.
Pflanzenschutz: Grauschimmel, Rostpilze und Blattläuse. Die neuen Hänge-Löwenmäulchen-Sorten sollen eine sehr hohe Toleranz gegen Rostpilze aufweisen.
Sorten: Beispiele für attraktive, durch Stecklinge vermehrte Hänge-Löwenmäulchen sind die stark hängende 'Clownerie'-Serie mit 'Clownerie Burgund' (purpurrote Blüten) und 'Clownerie Polar' (silberlaubig mit weißen Blüten); weiterhin die buschige bis überhängende 'Fruit Salad'-Serie in den Farben Gelb, Purpurrot und Rosa sowie in Gelborange, und auch Duftsorten, die Schmetterlinge und andere Insekten anlocken.

Mit Hänge-Löwenmäulchen lässt sich auf Balkon und Terrasse ein rustikales, ländliches Ambiente schaffen.

Dukatentaler
Asteriscus maritimus

 5–10   A

Allgemeines: Diese niedrige Staude mit den seidig behaarten, fleischigen Blättern findet man häufig an den Küstenregionen des westlichen Mittelmeergebietes, in Griechenland und auf den Kanarischen Inseln. Typisch ist der flache, ausladende, später überhängende Wuchs. Die großen, goldgelben Korbblüten der robusten Pflanze bleiben im Gegensatz zu den ähnlichen Gazanien auch bei schlechter Witterung geöffnet.
Blütezeit: Mai bis zum Frost.
Standort: Vollsonnig. Besonders gute Windverträglichkeit.

Pflege: Der Dukatentaler liebt nährstoffreiche, durchlässige und tonhaltige Blumenerden. Aufgrund des hohen Nährstoffbedarfes die Pflanzen nach dem Einwurzeln wöchentlich mit 0,2–0,3 % eines Volldüngers nachdüngen. Die Erde gleichmäßig feucht halten, zeitweilige Ballentrockenheit kann zu Blattvergilbungen führen. Die abgeblühten Blütenköpfchen regelmäßig herausschneiden, weil die sonst folgende Samenbildung der Pflanze viel Kraft kostet und das Nachblühen verhindert.
Pflanzenschutz: Blattläuse und Minierfliegen. Blattläuse können starke Verkrüppelungen verursachen.
Sorten: 'Gold Coin', weiterhin 'Gold Dollar' und 'Gnom' mit einem kompakteren Aufbau, kleineren Laubblättern und Blüten.
Die Sorte 'Gold Coin' mit ihrem ausladenden Wuchs eignet sich besonders für Balkonkästen und Ampeln, sollte jedoch nicht mit schwach wachsenden Arten kombiniert werden. Asteriscus maritimus lässt sich auch gut an einem hellen, frostfreien Ort überwintern. Die ersten Blüten erscheinen dann bereits Mitte April.

Für großzügigen Balkonschmuck eignen sich besonders stärker wachsende *Asteriscus*-Sorten wie z. B. 'Gold Coin'.

Australisches (blaues) Gänseblümchen
Brachyscome multifida

 6–9 –   N

Allgemeines: Dieser ursprünglich zierliche Bodendecker stammt aus den warm gemäßigten Klimaten Australiens. Die polsterbildende Staude breitet sich durch unterirdische Ausläufer aus. Moderne Zuchtsorten können in Ampeln und Balkonkästen bis zu 50 cm lang mit einem Blütenkissen überhängen. Die Laubblätter sind weich und fein zerteilt. Die etwa 3–4 cm großen Blütenkörbchen bestehen aus gelben Scheiben- und feinstrahligen Zungenblüten in blassblauen, hellvioletten und mauve-rosafarbenen Tönen. *Brachyscome multifida* sollte mit nicht zu stark wachsenden Partnern kombiniert werden.

Blütezeit: Mai bis zum Frost.
Standort: Vollsonnige bis halbschattige Lagen.
Pflege: *Brachyscome multifida* ist wie viele Pflanzen mit australischer Herkunft sehr empfindlich für Eisenmangel, der sich in gelblichen Blattaufhellungen bemerkbar macht. Vorbeugend die Pflanzen in saure, gut durchlässige Erden topfen, z. B. auch in Petunien-Erde. Nach dem Einwurzeln die Pflanzen wöchentlich mit 0,2–0,3 % eines Mehrnährstoffdüngers nachdüngen. Bei beginnenden Aufhellungen an den Triebspitzen zusätzlich einen Eisendünger verwenden. Das Blaue Gänseblümchen reagiert sehr empfindlich auf Trockenstress mit Blütenfall und Gelbwerden der Blätter, auf Staunässe mit chlorotischen Aufhellungen. Möglichst kein kalkhaltiges Gießwasser verwenden, es ruft Eisenmangel hervor. Bei gleichmäßiger Bewässerung und guter Nährstoffversorgung blühen die buschigen Pflanzen den ganzen Sommer über. Sie putzen sich selbst aus.
Pflanzenschutz: Weiße Fliege, weiterhin Thripse, seltener Minierfliegen.
Sorten: Auf dem Markt sind mehrere Sorten in blauen und violetten Tönen, weiterhin auch in Weiß und in Rosa. Die Sorten unterscheiden sich auch in Laub- und Blütengröße. Zu den eindrucksvollsten zählen z. B. 'Mauve Mystique' und die 'Surdaisy'-Serie mit Blüten in Hellblau, zartem Fliederblau und Weiß.

MEIN RAT

Weitere *Brachyscome*-Arten im Handel sind *Brachyscome melanocarpa* mit 4 cm großen, kräftig rosafarbenen Blüten und *Brachyscome iberidifolia* als Beet- und Sommertopfpflanze mit weißen, blauen und violetten Blüten und mit schwarzer Mitte. Während *Brachyscome multifida* und *Brachyscome melanocarpa* mehrjährig sind, zählt *Brachyscome iberidifolia,* das spanische Gänseblümchen, zu den einjährigen Samenpflanzen. Ihre Lebensdauer reicht leider meist nur bis Mitte August. In Südeuropa wird sie gerne auch als Beetpflanze verwendet.

Üppige und gesunde Blütenpracht entwickelt das Australische Gänseblümchen in leicht sauren Erden.

Strohblume
Bracteanthea bracteatum
(Syn.: *Helichrysum bracteatum*)

 5–10   A

Allgemeines: *Bracteanthea bracteatum* zählt zu einer Gattung australischer Strohblumen, die an der Spitze ihrer Zweige große, dekorative Blütenköpfe bilden. Diese bestehen aus einer Vielzahl kleiner Einzelblüten auf einer Blütenscheibe, die von papierartigen Hüllblättern umgeben wird. Neben straff aufrecht wachsenden Schnittsorten mit einer Höhe bis zu 80 cm werden auch neue, breitbuschig und überhängend wachsende, gelb und weiß blühende Sorten angeboten.

Blütezeit: Mai bis zum Frosteinbruch. Bei schlechter Witterung schließen sich die Blüten vorübergehend.

Standort: Warme und vollsonnige Standorte sind die besten Voraussetzungen für eine reiche Blüte. Im Halbschatten öffnen sich die Blüten nicht ganz. Ideal ist ein regengeschützter Platz, da es bei anhaltenden Niederschlägen zu Pilzkrankheiten kommen kann.

Pflege: Die Pflanzen haben einen für Strohblumen erstaunlichen Wasser- und Nährstoffbedarf. Als Topferde empfehlen sich durchlässige, tonhaltige, leicht saure Blumenerden. Nach dem Einwurzeln ein- bis zweimal je Woche mit 0,2–0,3 % eines Volldüngers nachdüngen. Blattaufhellungen an den Triebspitzen deuten auf Eisenmangel hin und können mit einem speziellen Eisendünger behoben werden. Strohblumen möchten mäßig feucht gehalten werden, zeitweilige Ballentrockenheit kann allerdings zur Blattvergilbung führen. Abgeblühte Blütenstände regelmäßig entfernen, um ein kontinuierliches Nachblühen zu fördern.

Pflanzenschutz: Sehr gesunde und stabile Pflanze. Bei andauernder Blattnässe pilzliche Erkrankungen, wie z. B. Falscher und Echter Mehltau. Die Blätter sollten abends abgetrocknet sein. Seltener Blattläuse, Weiße Fliege.

Sorten: Zu den schönsten Sorten aufgrund ihres gleichmäßigen und polsterartigen Wuchses für Balkonkästen und Ampeln zählen die Serien 'Mohave' und 'Sundaze' mit Farbsorten in Weiß, Goldgelb, Orange, Bronze, Rosa und Dunkelrot, wie auch die goldgelbe 'Totally Yellow'.

Liebt volle Sonne, viel Wärme und leicht saure Erden: die Australische Zwergstrohblume.

Blaue Mauritius
Convolvulus sabatius

 6–10   F

Allgemeines: Heimatgebiete der Blauen Mauritius sind die Küstengebiete Nordwestafrikas, Siziliens und Nordwestitaliens. Das mehrjährige, halbstrauchige Windengewächs wächst dort zwischen trockenen Kalkfelsen in Meeresnähe. Die zierlichen Stämmchen mit schmal-ovalen, behaarten Laubblättern werden nur etwa 20 cm hoch und breiten sich mit ihren langen, rankenden Trieben schnell aus. In den Blattachseln werden breitglockige, lila bis salbeiblaue Blüten gebildet. Wirkt durch die bogig herabhängenden Triebe sehr edel, sowohl als Ampelpflanze als auch in Balkonkästen mit nicht zu stark wüchsigen Kombinationspartnern.

Blütezeit: Juni bis Oktober. Eventuelle Blühpause bei großer Sommerhitze. Wie bei vielen Winden-Arten öffnen sich die Blüten nur bei Sonnenschein.

Standort: Sonnige Lagen.

Pflege: Pflanzen in gut durchlässige, tonhaltige Blumenerden. Nach dem Einwurzeln wöchentlich mit 0,2–0,3 % eines Volldüngers nachdüngen. Im Hochsommer benötigt die Pflanze reichlich Wasser und Dünger, da sonst die Triebe sehr dünn werden. Eine gleichmäßige Wasserführung ist wichtig. Bei Trockenheit kommt es zu Blattfall und zu vertrockneten Knospen, bei zu feuchtem Substrat werden pilzliche Erkrankungen gefördert. Damit die Pflanzen bis in den Herbst durchblühen, müssen die Samenansätze regelmäßig entfernt werden. *Convolvulus sabatius* kann an einem hellen Standort bei 5–6 °C überwintert werden.

Pflanzenschutz: Weiße Fliege, Blattläuse.

Sorten: *Convolvulus sabatius* ist züchterisch nur wenig bearbeitet. Meist wird die 'Blaue Mauritius' mit hell violettblauen Blüten angeboten. Weiterhin ist eine kompaktere, dunkelblaue Sorte am Markt; ihre Blätter und Blüten sind etwas kleiner, die Triebe etwas kürzer und die Blütenfarbe intensiver.

Eine Verbesserung bieten über Stecklinge vermehrte Topf- und starkwüchsige Hängesorten. Die Pflanzen blühen erst ab Mitte Mai. Für eine frühere Blüte werden sie beim Fachgärtner bereits im Spätherbst getopft und kühl überwintert.

Verlangt etwas Geduld: Die Blüten der Blauen Mauritius erscheinen erst ab Anfang Juni, aber dann in üppiger Fülle.

Köcherblümchen, Mickymaus-Pflanze
Cuphea llavea (Syn.: *Cuphea llavea* var. *miniata*, *Cuphea × purpurea*)

 5–9   F

Allgemeines: Die Mickymaus-Pflanze ist eine attraktive Kulturform der in Mittel- und Südamerika beheimateten *Cuphea*-Arten. Der etwa 30–50 cm hohe, buschige Halbstrauch mit seinen klebrigen, borstig behaarten Sprossen und Blättern entstand vermutlich aus einer Kreuzung von *Cuphea*-Arten, darunter auch *Cuphea llavea*. Besonders faszinierend sind die kleinen Einzelblüten. Diese stehen endständig in Trauben zusammen und bilden etwa 3,5 cm lange, grün-violette Röhrenblüten, die an der Spitze mit zwei leuchtend scharlachroten Kronblättern enden. Diese erinnern an kleine Mauseöhrchen (daher auch der Name Mickymaus-Pflanze). Die aufrechten bis überhängenden Pflanzen eignen sich für Kombinationspflanzungen in Balkonkästen und in Ampeln, aber auch als dankbare Beetpflanzen.

Blütezeit: Mai bis Herbst.

Standort: Volle Sonne. Im Halbschatten werden weniger Blüten gebildet.

Pflege: Pflanzung in strukturstabile, tonhaltige Substrate. Gute Erfahrungen wurden auch mit einer Pflanzung in die relativ saure Petunien-Erde gemacht. Nach dem Einwurzeln die Pflanzen wöchentlich mit 0,2–0,3 % eines Volldüngers nachdüngen. In der Wachstumsphase reichlich gießen, jedoch Staunässe vermeiden. Die Pflanzen putzen sich selbst aus.

Pflanzenschutz: Anfällig für Blattläuse und Weiße Fliege.

Sorten: Bei den Mickymaus-Pflanzen mit den typisch leuchtend roten Blüten handelt es sich um die Sorten 'Tiny Mice', 'Tinni Winnie', 'Torpedo', 'Rio Red' und 'Firecracker'. Die 'Vienco'-Serie hingegen umfasst neben einer rot blühenden Sorte weitere sechs Farbsorten in verschiedenen Purpurtönen, in Lavendelblau und in Weiß. Die Blüten dieser eindrucksvollen Sommertopf-Serie sind besonders groß. Im Freiland an sonnigen Standorten entwickeln sich die kleinen Pflanzen in kurzer Zeit zu vielverzweigten Büschen. Die 'Vienco'-Serie eignet sich auch sehr gut für die Grabbepflanzung.

Die Mickymaus-Pflanze wirkt besonders als Einzelpflanze in Ampeln sehr schön und fasziniert durch ihre ungewöhnlichen Blüten.

Elfensporn
Diascia-Arten und -Sorten

 5–10   N

Allgemeines: Die filigranen, mehrjährigen Stauden aus Südafrika mit aufrechten oder überhängenden Trieben tragen endständige Blütentrauben aus vielen kleinen rosafarbenen Blüten. In dem noch jungen Sortiment werden überwiegend Züchtungen von *Diascia barberae* und der kräftig wachsenden *D. vigilis* angeboten.

Blütezeit: Mai bis zum Frost. Bei hohen Sommertemperaturen ist bei vielen Sorten eine Blühpause möglich.

Standort: Sonnig, bedingt auch halbschattig. Im Halbschatten ist der Aufbau der Pflanzen locker und die Blühintensität geringer. *Diascia* reagiert empfindlich auf feuchtes Wetter. Neben Kümmerwuchs kann es bei anhaltender Feuchtigkeit zu Fäulnis kommen.

Pflege: Zur Pflanzung sind gut durchlässige, leicht saure Erden empfehlenswert. Vier Wochen nach der Pflanzung mit wöchentlichen leichten Düngegaben von 0,2 % eines Volldüngers beginnen. Pflanzen lieber etwas trockener kultivieren, jedoch Erde nie austrocknen lassen. Auf Staunässe kann der Elfensporn mit dem Absterben einzelner Triebe reagieren. Geht die Blühleistung zurück, können die Pflanzen großzügig zurückgeschnitten werden. Innerhalb von 3–4 Wochen baut sich dann ein starker Folgeflor auf.

Pflanzenschutz: Grauschimmel, Blattläuse, Weiße Fliege und Minierfliegen.

Sorten: Inzwischen ist ein sehr großes Sortenspektrum erhältlich. Die Farben reichen von Korallenorange ('Coral Belle') über Hellrot ('Red Miracle') und Rot ('Red Desert') sowie Apricot ('Flying Colors Apricot'), kräftigem Pink ('Little Charmer') bis zu zartem Rosa ('Darla Light Pink').

MEIN RAT

Bei anhaltender Nässe und kalkhaltigem Gießwasser können die Triebe des Elfensporns leicht chlorotisch werden (siehe Seite 115). In diesem Fall Eisendünger geben.

Werden Elfensporn-Sorten (hier *Diascia* 'Little Charmer'[(P)]) bei nachlassender Blüte um zwei Drittel ihrer Größe zurückgeschnitten, baut sich ein üppiger Folgeflor auf.

Kapaster
Felicia amelloides

 6–9   F

Allgemeines: Die Kapaster ist in Südafrika beheimatet und wird dort als leicht verholzende Staude bis zu 60 cm hoch und fast doppelt so breit. Die 3–4 cm großen Korbblüten ähneln blauen Margeriten. Sie stehen an langen Blütenstielen etwa 15 cm über dem dichten, zart behaarten Laub und bestehen aus einem Kranz von himmelblauen Zungenblüten und einer Mitte aus gelben Röhrenblüten. Kompakt wachsende Sorten von *Felicia amelloides* eignen sich als stehende Pflanzen für elegante Balkonkastenkombinationen. In Ampeln wirken kleinblütige Sorten mit leicht hängendem Wuchscharakter besonders schön. Die Kapaster wird auch als edles Hochstämmchen angeboten.

Blütezeit: Juni bis September. In kühlen, regnerischen Sommern weniger blühfreudig. Kühl überwinterte Pflanzen blühen früher.

Standort: Vollsonnig und luftig.

Pflege: *Felicia amelloides* entwickelt sich am besten in leicht sauren, tonhaltigen Substraten. Wird Gießwasser mit höheren Härtegraden verwendet, sollten die Pflanzen in saure Erden gepflanzt werden, z. B. in Petunien-Erde. Dies wirkt Chlorosen entgegen, die durch Eisenmangel bedingt sind. Wöchentlich mit 0,2–0,3 % eines Volldüngers nachdüngen. Bei Aufhellungen an Blättern und Triebspitzen eine zusätzliche Gabe mit einem Eisendünger verabreichen. Die Pflanzen gleichmäßig feucht halten, Ballentrockenheit unbedingt vermeiden. Abgeblühte Blüten regelmäßig abschneiden, um einen andauernden Blütenflor zu sichern. Im Spätherbst kann *Felicia amelloides* auf die Hälfte bis zwei Drittel der Laubmasse zurückgeschnitten und an einem hellen Ort bei 10 °C überwintert werden. Dabei nur sehr wenig gießen.

Pflanzenschutz: Weiße Fliege, Thripse.

Sorten: Mehrere stehend-buschige bis halbhängende Sorten mit hellblauen bis dunkelblauen Blüten. Weiterhin werden im Handel auch kleine, kugelige Kapastern angeboten, deren Wuchs an Steingartenstauden erinnern, z. B. 'Felicitara Blue'. Sie eignen sich als Solitärpflanzen in halbhohen Gefäßen wie auch für die Bepflanzung von Beeten. Als Besonderheit gelten panaschierte Pflanzen, sie haben cremeweiß gerandete Blätter. In der Regel wachsen sie schwächer und blühen später.

Eine kühle Überwinterung der himmelblau blühenden Kapastern lohnt sich: Im Folgejahr blühen die Pflanzen schon wesentlich früher.

Australisches Goldknöpfchen
Chrysocephalum apiculatum

 5–10

Allgemeines: Der zierliche, immergrüne Halbstrauch mit seinen graufilzigen, schmalen Laubblättern stammt ursprünglich aus Südaustralien. Die meist in endständigen Büscheln zusammenstehenden Blüten tragen keine Zungenblüten und bestehen nur aus kleinen, etwa 1–1,5 cm großen, goldgelben Knöpfchen. Unter hiesigen Klimaverhältnissen können die buschigen, überhängenden Pflanzen einen Umfang bis zu 60 cm erreichen.
Blütezeit: Anfang Mai bis zum Frost. Sicherer und starker Blüher in sonnigen Lagen und bei guter Pflege.
Standort: Vollsonnig. Gute Windverträglichkeit.
Pflege: Für die Pflanzung sind unbedingt saure, gut durchlässige Erden zu empfehlen. Sehr gut eignen sich z. B. Petunien-Erde oder saure Staudenerden. Bei Verwendung handelsüblicher Blumenerden kann es zu starken chlorotischen Aufhellungen kommen. Dies ist auf Eisenmangel zurückzuführen und wird durch kalkhaltiges Gießwasser noch verstärkt. Abhilfe schafft regelmäßige Behandlung mit einem Eisendünger. Ansonsten wöchentlich ein- bis zweimal mit 0,2 % eines Volldüngers nachdüngen. Auch auf stauende Nässe reagiert das Goldknöpfchen sehr empfindlich. Dies kann sogar bis zum Absterben einzelner Triebe führen.
Pflanzenschutz: Pilzliche Erkrankungen, darunter auch Grauschimmel bei Staunässe.
Sorten: 'Baby Gold', 'Desert Flame', 'Helissia'. Sehr blühfreudig, gesund und pflegeleicht zeigt sich 'Desert Gold'.

MEIN RAT

Die verspielt wirkenden Australischen Goldknöpfchen nicht mit zu stark wachsenden Partnern kombinieren. Besonders attraktive Kombinationen entstehen mit blau blühenden Pflanzen, die ebenfalls saure Erden bevorzugen, z. B. der Blauen Fächerblume, dem Blauen Gänseblümchen und der Kapaster.

Weitere schöne Kombinationspartner sind auch Zauberglöckchen und Verbenen in Dunkelblau, Geranien in verschiedenen Rottönen sowie Wandelröschen oder Aztekengold.

Das Australische Goldknöpfchen gilt oft als Geheimtipp für Kombinationspflanzungen. Bei hartem Gießwasser sind hierfür leicht saure Erden empfehlenswert.

Ampel-Duftsteinrich
Lobularia maritima

 5–10

Allgemeines: Der Duftsteinrich ist meist bekannt als Saatgutsorte mit polsterartigem Wuchs und dichtem Blütenflor in den Farben Weiß, Violett, Zartrosa und Hellgelb. Während die meisten Saatgutsorten im Sommer nur zeitlich begrenzt blühen, bildet der neu gezüchtete und nur über Stecklinge vermehrbare Ampel-Duftsteinrich voluminöse, nach Honig duftende, weiße Blütenkugeln über den ganzen Sommer. Die Sorte ist sehr starkwüchsig und erreicht in Ampeln und Balkonkästen Längen bis zu 80 cm. Zum Verkaufszeitpunkt sieht man den Pflanzen das Wachstumspotenzial noch nicht an, meist machen zu diesem Zeitpunkt die Beetsorten einen besseren Eindruck.

Blütezeit: Mai bis Oktober.
Standort: Für sonnige Balkone und Terrassen.
Pflege: Für ein zügiges Wachstum benötigen die Pflanzen nährstoffreiche und gut durchlässige Blumenerden, gleichmäßige Wassergaben und sehr gute Düngung. Die Pflanzen dürfen nicht austrocknen. Bei Unterversorgung mit Nährstoffen werden sie schnell hell und es bilden sich dann gelbe Blättchen. Spätestens drei Wochen nach der Pflanzung sollten die Pflanzen mit einem guten Volldünger versorgt werden, entweder wöchentlich mit 0,3 % oder bei jeder Wassergabe mit einer 0,1 %igen Nährlösung. Der Ampel-Duftsteinrich ist sehr pflegeleicht und bildet hunderte von kleinen Blüten. Nach dem Abblühen rieseln diese auf den Boden, werden jedoch vom Wind leicht weggetragen.
Pflanzenschutz: Im Allgemeinen sind die Pflanzen sehr pflegeleicht und gesund. Da *Lobularia maritima* jedoch zur Familie der Kohlgewächse zählt, können die Pflanzen gelegentlich auch von auf Kohlpflanzen spezialisierten Schädlingen befallen werden, wie z. B. den Blattglanzkäfer. Die kleinen, metallisch schwarz schimmernden Käfer fressen in kurzer Zeit die Blütenblätter radikal ab und verschwinden dann wieder. Meist erholen sich die Pflanzen in kurzer Zeit und schieben mit einem neuen Blütenflor nach. Selten findet man auch kleine Raupen auf den Pflanzen.
Sorten: Unter dem stark wüchsigem Ampel-Duftsteinrich ist in erster Linie die rein weiß blühende Sorte mit dem Namen 'Snow Princess' zu verstehen. Inzwischen gibt es auch Saatgutsorten mit kugeligem, jedoch weniger starkem Wuchs und mit großen Blüten, die bis in den Herbst hinein blühen, z. B. die 'Clear Cristal'-Serie in weißen, violetten und fliederfarbenen Farbsorten.

Lobularia maritima 'Clear Chrystal White' ist eine ausdauernd blühende Beetsorte. Für Balkonkästen eignen sich besonders üppige Sorten wie `Snow Princess´.

Hornklee, Lotus
Lotus berthelotii* und *L. maculatus

 5–7   A

Allgemeines: Die auf den Kanarischen Inseln beheimateten kriechenden Stauden eignen sich sehr gut als Blüten- und Blattschmuckpflanzen für Balkonkastenkombinationen und für Ampeln. Die Pflanzen aus der Familie der Schmetterlingsblütler sind nicht zu verwechseln mit den unter den Namen Lotos bzw. Lotus bekannten Wasserpflanzen. Ihre Laubblätter sind sehr fein, nadelartig, bei *Lotus maculatus* stumpfgrün mit silbriger Bereifung und bei *L. berthelotii* eher blaugrün. Die überhängenden Triebe können eine Länge von über 60 cm erreichen. Im Frühjahr und Frühsommer bildet *L. berthelotii* Büschel von 2,5 cm großen scharlachroten Schmetterlingsblüten. Die Blüten von *L. maculatus* sind krallenartig und goldgelb bis orange. Auch ohne Blüten wirken die Pflanzen durch ihre filigranen Laubblätter sehr attraktiv. *Lotus maculatus* und (seltener) *Lotus berthelotii* werden auch als Ampel und in aufgeleiteter Form als Kübelpflanze angeboten. Weiterhin eignen sie sich aufgrund ihres kriechenden Wuchses und ihrer geringen Höhe von nur etwa 20 cm als rasch wachsende Bodendecker für Sommerbeete. Hierbei sollten hin und wieder die Triebspitzen gekappt werden, um eine dichte Belaubung zu fördern.

Blütezeit: April bis Mitte Juli. Der Flor wird durch kühle Überwinterung gefördert. Vereinzelte Blüten auch im Spätsommer und Herbst nach kühlen Sommernächten. *Lotus maculatus* ist reichblühender als *L. berthelotii*.

Standort: Sonnige Lagen, bedingt auch Halbschatten. Gute Windverträglichkeit.

Pflege: Zur Pflanzung empfehlen sich gut

Lotus maculatus mit seinen goldgelben Blüten blüht nur zuverlässig im Frühjahr und bei kühlen Nachttemperaturen im Herbst.

Lotus berthelotii sollte überwiegend als Blattschmuckpflanze eingesetzt werden: Ein solch reicher Blütenschmuck gelingt nur nach kühler Überwinterung.

durchlässige, strukturstabile und leicht saure Blumenerden, z. B. Einheitserde T oder ähnliche Torf-Ton-Mischungen. Nach dem Einwurzeln wöchentlich mit 0,2 % eines guten Volldüngers nachdüngen. Eine gleichmäßige Bodenfeuchte gewährleisten, Staunässe wird sehr schlecht vertragen. Trockenheit führt zum Abfallen der Knospen und im Extremfall zur Vergilbung und zum Rieseln der Blättchen. Vor dem Frost die Pflanzen zurückschneiden, einräumen und an einem hellen, kühlen Ort bei 8–10 °C überwintern. Hierbei die Pflanzen relativ trocken halten.

Pflanzenschutz: Blattläuse, Spinnmilben. Bei Staunässe Pilzerkrankungen im Wurzelbereich.

Sorten: Im Handel ist meist *Lotus maculatus* 'Gold Flash' erhältlich, seltener auch *L. berthelotii* 'Red Flash'. Lotus-Sorten werden gerne auch als Blattschmuckpflanzen verwendet.

Auffallend bei der orange blühenden Strauchigen Gauklerblume sind die klebrigen Triebe und Blätter.

Strauchige Gauklerblume
Mimulus aurantiacus

✿ 5–10   ☼   🪣   ☞ F

Allgemeines: Natürliches Verbreitungsgebiet der Strauchigen Gauklerblume ist Nordamerika (Kalifornien). Der immergrüne, etwa 1 m hohe Strauch entwickelt von Frühjahr bis Sommer etwa 4 cm lange, trompetenförmige, lachsorangefarbene Blüten. Die glänzenden, lanzettlichen Laubblätter sind an den Seiten eingerollt und wie die vielverzweigten, überhängenden Triebe leicht klebrig. Aufgrund ihres schwungvollen Charakters eignet sich die Pflanze sehr gut für ausladende Ampeln und Balkonkastenkombinationen.

Blütezeit: Mitte Mai bis Ende Oktober. Nach einer kühlen Überwinterung kommen die Pflanzen früher zur Blüte.

Standort: Vollsonnige Standorte sind empfehlenswert. Im Halbschatten werden weniger Blüten gebildet.

Pflege: *Mimulus aurantiacus* wünscht ein nahrhaftes, gut durchlässiges Substrat. Optimal sind tonhaltige, etwas saure Erden, z. B. Petunien-Erde. Hoher Kompostanteil in der Blumenerde und kalkhaltiges Gießwasser rufen häufig an den Spitzen Chlorose durch Eisenmangel hervor (siehe Seite 115). In solchen Fällen kann ein spezieller Eisendünger helfen. Aufgrund des hohen Nährstoffbedarfs die Pflanzen ein- bis zweimal je Woche mit 0,2–0,3 % eines Volldüngers nachdüngen. Auf gleichmäßige Wasserversorgung achten: Die Pflanze reagiert empfindlich auf Wasser-überversorgung wie auch auf Trockenstress. Vor Frosteinbruch die Pflanzen einräumen, die Triebe einkürzen und bei

5–10 °C an einem hellen Ort überwintern. Dabei die Pflanzen relativ trocken halten. Kühl überwinterte Ampelpflanzen entwickeln im Frühjahr einen prächtigen Blütenflor.
Pflanzenschutz: Mitunter Blattläuse, seltener Minierfliegen.
Sorten: Die ursprüngliche Blütenfarbe von *Mimulus aurantiacus* ist ein leuchtendes Lachsorange. Inzwischen wird auch eine starkwüchsige weiße Sorte angeboten und weiterhin ein etwas schwächer wachsender Typ mit kleineren Blüten in Karminrot.

Elfenspiegel
Nemesia-Sorten

 5–9   F

Allgemeines: Ursprünglich sind *Nemesia*-Arten ein- oder mehrjährige Kräuter und Halbsträucher aus Südafrika. Die zierliche *Nemesia fruticans* ist noch eine sehr junge Balkonpflanze. Sie bildet 40–60 cm lange, buschige Triebe und hängt dann über. Die kleinen, gespornten Blüten in Weiß, Blauviolett und Rosa, jeweils mit gelber Mitte, ähneln denen der *Diascia*-Arten (siehe Seite 69). Weiße Sorten haben einen sehr angenehmen Duft.
Blütezeit: Mai bis zum Frost.
Standort: Sonnig. Windverträgliche Pflanze.
Pflege: Zur Pflanzung eignen sich bevorzugt leicht saure und gut durchlässige Erden. *Nemesia* reagiert auf Staunässe schnell mit Chlorosen, Kümmerwuchs und Wurzelfäule. Die Pflanzen gleichmäßig feucht, jedoch nicht zu nass halten und ab Mitte Juni wöchentlich mit 0,2 %igen Düngergaben versorgen. Um unan-

MEIN RAT

Beim Einkauf von Nemesien auf unterschiedlichen Wuchscharakter (kompakt oder überhängend) der Sorten in Hinblick auf die Verwendung achten. Weiße Sorten reagieren besonders schnell auf Eisenmangel.
Als einjährige Beetpflanze beliebt ist auch die farbenprächtige Nemesia strumosa mit gelben, weißen, roten und orangefarbenen Blüten. Sie wird nur 20–30 cm hoch und bildet in Gruppen gepflanzt leuchtende Blütenteppiche.
Besonders großblumig und farbenfroh sind die Farbsorten der Nemesia 'Sunsatia Plus'- oder 'Angelart'-Serie. Sie sind nach tropischen Früchten benannt.

Die weißen Sorten des südafrikanischen Elfenspiegels duften sehr angenehm.

sehnlichen Samenansatz nach dem Verblühen der Einzelblüten zu verhindern und eine andauernde Blüte zu gewährleisten, abgeblühte Triebe hin und wieder zurückschneiden.
Pflanzenschutz: Virosen, Blattläuse, Weiße Fliege, Thripse, Wurzelerkrankungen.
Sorten: Für Beete eignen sich besonders bewährte Sorten mit kompakt buschigem Wachstum und in den Farben Weiß, Blauviolett und Rosa. Eindrucksvoll sind die Serien mit großen Blüten und leuchtenden Fruchtfarben, wie Rot und Goldgelb (z. B. 'Angelart', 'Sunsatia Plus'). Im Handel werden auch mit mehreren Farbsorten bepflanzte Töpfe angeboten.

Nachtkerze
Oenothera-Sorte 'Lemon Drop'

 6–9   ☞ A

Allgemeines: Die aus den gemäßigten Zonen Nord- und Südamerikas stammende Gattung *Oenothera* besteht aus über 120 Arten ein-, zwei- und mehrjähriger Kräuter. Inzwischen wurden die meist frostharten Pflanzen mit zahlreichen Kulturvarietäten in vielen Ländern eingebürgert und sind auch in unseren Staudenbeeten zu finden. Die meisten Arten werden durch nachtaktive Insekten bestäubt; hierfür öffnen sich die Blüten erst in den Abendstunden. 'Lemon Drop' hingegen entfaltet auch tagsüber einen Teppich zitronengelber Blüten. Diese Kulturvarietät mit ihrem polsterartigen Wuchs und ihren zarten Laubblättern wird kaum höher als 30 cm und eignet sich als Schalenpflanze, für Ampeln und für Balkonkastenbepflanzungen mit nicht zu starken Kombinationspartnern.
Blütezeit: Anfang Juni bis September. Die Blütenbildung wird durch eine lange Tageslichtphase ausgelöst.
Standort: Vollsonniger Standort. Im Schatten und bei schlechter Witterung öffnen sich die Blüten nicht.
Pflege: Für die Pflanzung eignen sich gut durchlässige, tonhaltige Substrate, z. B. Einheitserde T. Die Pflanzen haben einen mittleren Nährstoffbedarf. Hierfür wöchentlich mit 0,2–0,3 % eines Volldüngers nachdüngen. Vorübergehende Trockenheit wird ebenfalls gut vertragen. *Oenothera* 'Lemon Drop' ist winterhart. An einer windgeschützten Stelle können die Pflanzen auch im Freien überwintert werden. Die Gefäße jedoch gut abdecken. Kahlfröste können zum

Als einzige Nachtkerzen-Art für Staudenbeete öffnet 'Lemon Drop' auch tagsüber ihre Blüten.

Einfrieren des Substrates und zum Vertrocknen der Pflanze führen. Dies ist besonders im Frühjahr gefährlich, wenn die Pflanzen zu treiben beginnen.

Pflanzenschutz: Sehr gesunde und robuste Pflanze. Bei sehr heißem und kaltem Wetter färben sich die Blättchen rot.

Sorten: Neben 'Lemon Drop' mit etwa 3,5 cm großen, zitronengelben Blüten wird auch *Oenothera speciosa* 'Siskiyou' angeboten, eine Kissen bildende Staude mit großen, hellrosa Blüten. Ihre Blühintensität ist jedoch geringer als bei 'Lemon Drop'. 'Lemon Drop' ist sehr pflegeleicht und zudem winterhart.

Wildpelargonien
Pelargonium ionidiflorum und *P. trifidium*

 5–10   A

Allgemeines: Wie die beliebten Blütenpelargonien (Geranien) stammen die beiden Wildpelargonien-Arten aus Südafrika. Ihr ursprünglicher Wildblumencharakter ist jedoch erhalten geblieben. Beide Arten tragen sehr filigranes Laub und unzählige kleine, zierliche Blüten. Sie wachsen langsam und eignen sich sehr gut für verspielte Pflanzenkombinationen mit ebenso zierlichen Partnerpflanzen in kleinen Balkon-

Eine Geranie für Wildpflanzen-Liebhaber: *Pelargonium ionidiflorum*. Ihre einfachen, zierlichen Blüten sind selbstreinigend.

kästen, Ampeln und Hanging Baskets. *Pelargonium ionidiflorum* wächst zunächst aufrecht und Kissen bildend, später überhängend. Die kleinen, 1,5–2 cm großen, einfachen Blüten sind lila mit dunkler Zeichnung. *P. trifidium* entwickelt sich sehr flach, überhängend und bringt unzählige cremeweiße, 3,5–4 cm große, einfache Blüten hervor. Das Laub duftet sehr aromatisch.

Blütezeit: Ende Mai bis Oktober.
Standort: Sonnige Lagen.
Pflege: Die Pflanzen in nährstoffreiche, durchlässige Erden mit Tonanteil pflanzen, z.B. in Einheitserde T. Wöchentlich mit 0,2–0,3 % eines Mehrnährstoffdüngers nachdüngen. Trockenheit wird besser vertragen als Staunässe. Die Pflanzen putzen sich selbst aus, dadurch ergibt sich jedoch ein starkes Rieseln abgeblühter Blüten.

Eine Ampel mit *Pelargonium trifidium* kann hunderte von Blüten tragen – jedoch rieseln die Blüten auch stark.

Zurück bleiben die weniger attraktiven Samenstände, die »Storchschnäbel«. Wildpelargonien können sehr gut an einem hellen, kühlen Ort bei 6–8 °C überwintert werden. Die Pflanzen hierbei relativ trocken halten. Werden die Pflanzen bei Zimmertemperatur überwintert, bilden sich im Folgejahr kaum Blüten.
Pflanzenschutz: Sehr gesunde Pflanzen.
Sorten: 'Trifidio' *(Pelargonium trifidium)* mit cremefarbenden Blüten und 'Ionida' *(Pelargonium ionidiflorum)* mit kleinen Blütchen in Lila. Nur in Spezialgärtnereien erhältlich.

Sommerphlox, Flammenblume
Phlox-Hybriden

❀ 5–9 ☼   ☞ A

Allgemeines: Gerne werden in Gärten winterharte Staudenphlox-Sorten verwendet, die im Sommer und Herbst reichen Blütenflor zeigen. Neu gezüchtet sind Sorten für Ampeln, Balkonkästen und Gefäße, die sich kugelig aufbauen und den ganzen Sommer in einer großen Farbenvielfalt blühen, jedoch nicht winterhart sind. Die fünfzähligen Blüten sind klein, stehen in dichten Rispen und können das filigrane Laub komplett überdecken. Die Farbpalette umfasst weiße, rosafarbene, blaue, violette, scharlachrote und zweifarbig blühende Sorten.
Blütezeit: Die neuen Selektionen werden über Stecklinge vermehrt und blühen während des ganzen Sommers von Mai bis Ende September. Weiterhin gibt es auch Saatgutsorten, die sehr kompakt wachsen und nur von Mai bis Ende Juli blühen.
Standort: Sonnige und warme Standorte;

Regionen mit anhaltenden Niederschlägen und kühlen Temperaturen sind weniger geeignet, da die Pflanzen sehr empfindlich auf zu viel Nässe im Wurzelbereich reagieren und absterben können.

Pflege: Für ein zügiges Wachstum die Pflanzen erst bei höheren Temperaturen ab Mai auspflanzen. Wichtig sind gut drainierte Blumenerden, da anhaltende Bodennässe zu Totalausfällen führen kann. Wasserspeicherkästen möglichst nur auf Optimum auffüllen. Drei Wochen nach der Pflanzung mit einer wöchentlichen 0,3 %igen Gabe eines Volldüngers beginnen. Noch gleichmäßiger lassen sich die Pflanzen mit einer 0,1 %igen Düngung bei jeder Bewässerung versorgen.

Pflanzenschutz: Die Pflanzen reagieren sehr empfindlich auf kalte und nasse Böden. Bei anhaltender Feuchtigkeit und im Spätsommer kann sich auch Echter Mehltau bilden, der sich in einem weißen Belag auf Laub- und Blütenblättern zu erkennen gibt.

Sorten: Besonders für Ampeln empfehlenswert sind die starkwüchsigen 'Phoenix'-, 'Power Phlox'- und 'Surphlox'-Serien in vielen Farben. Für Gefäßbepflanzungen eignen sich kompakt und kugelig wachsenden Sorten, wie z.B. die 'Phloxy Lady'-Serie.

Kartoffelwein, Jasminblühender Nachtschatten
Solanum jasminoides

❇ 5–10   ☼   ☞ A

Allgemeines: Der Kartoffelwein verleiht mit seinen ausladenden, rankenden Trieben und weißen Blüten jeder Sommerflor-Kombination in Ampeln, Balkonkästen und Gefäßen Schwung und Eleganz. In Spezialgärtnereien werden die jungen Pflanzen im Winterhalbjahr einer Kältebehandlung unterworfen, die eine Blütenbildung ab April/Mai auslöst. Ohne kühle Überwinterung bleiben die mehrjährigen und strauchartigen Pflanzen im Sommer meist nur grün und bilden kaum Blüten. Der Kartoffelwein zählt zur Familie der Nachschattengewächse und ist damit tatsächlich mit Kartoffeln wie auch mit Tomaten und dem blau blühenden Enzianstrauch verwandt. Als Besonderheit werden auch Hochstämmchen und an Klettergerüsten rankende Büsche angeboten, die im kühlen Wintergarten gut überwintert werden können.

Blütezeit: Mai bis Oktober.
Standort: Für sonnige Standorte empfehlens-

Die Phlox-Sorte 'Phoenix Red' blüht schon früh, empfehlenswert für Ampeln.

wert. Im Halbschatten tragen die Pflanzen deutlich weniger Blüten. Bei sehr hohen Sommertemperaturen bilden die Pflanzen viele Triebe und die Blühintensität kann nachlassen.

Pflege: Gut durchlässige Blumenerden für die Pflanzung wählen. Die starkwüchsigen Pflanzen danken gute Nährstoffgaben mit kräftigem Wuchs und vielen Blüten. Deshalb drei Wochen nach der Pflanzung mit der Düngung beginnen: wöchentlich 0,3 % eines Volldüngers oder mit einer kontinuierlichen, leichten Nährlösung von 0,1% bei jeder Wassergabe. Die Pflanzen können auch gut überwintert werden. Hierfür die Pflanzen kräftig zurückschneiden und an einem hellem, kühlen Ort frostfrei überwintern. Der so überwinterte Kartoffelwein blüht meist etwas später als die im Gartenfachmarkt angebotenen Pflanzen.

Pflanzenschutz: Der Kartoffelwein unterliegt hohen Hygieneanforderungen in Spezialgärtnereien, die nur absolut gesunde, auf Viren und Bakterien geprüfte Pflanzenware ausliefern. Während des Sommerhalbjahres können sich auf Balkon und Terrasse jedoch Blattläuse und Spinnmilben einstellen. Auch bei einer Überwinterung sollten die Pflanzen auf tierische Schädlinge überprüft werden.

Sorten: Der Kartoffelwein wird in der Regel ohne Sortenbezeichnung angeboten.

Blaumäulchen
Torenia-Sorten

✿ 5–9   ☼–◐   🛠   ☞ F

Allgemeines: Die ursprünglichen Arten für die Züchtung der neuen *Torenia*-Sorten mit einem buschigen, überhängenden Wuchs und einer Trieblänge bis zu 80 cm sind vermutlich Stauden aus den tropischen Regionen Südostasiens. Die edlen Pflanzen mit 3–4 cm großen Blütenmäulchen in blauen, violetten, rosa Tönen wirken als Hängepflanzen in Balkonkästen und Ampeln sehr attraktiv. Diese neue Züchtung sollte nicht verwechselt werden mit *Torenia fournieri*, dem Schnappmäulchen, einer aus Südvietnam stammenden eleganten, jedoch kurzlebigen sommerblühenden Topfpflanze.

Blütezeit: Mitte Mai bis Ende September.

Standort: Ideal sind warme, geschützte Standorte ohne pralle Mittagssonne bzw. im Halbschatten.

Pflege: Die kälteempfindlichen Pflanzen erst ab Mitte Mai auspflanzen. Bei zu kühlen Temperaturen (unter 14 °C) reagiert die Pflanze zunächst mit einer Rotfärbung an Blatt- und Triebspitzen, später mit chlorotischen Aufhellun-

Solanum jasminoides kann auch an Kletterhilfen gezogen werden.

gen und Wachstumsstillstand (siehe Seite 115). Für die Pflanzung auf nährstoffreiche, saure Substrate zurückgreifen, z. B. Petunien-Erde. Hohe pH-Werte im Substrat, die sich bei hohem Kompostanteil und hartem (kalkreichem) Gießwasser bald einstellen, führen zu chlorotischen Aufhellungen, die an den Triebspitzen beginnen. Der Nährstoffbedarf ist mittel bis hoch. Nach dem Einwurzeln ein- bis zweimal je Woche mit 0,2 % eines spurenelementhaltigen Volldüngers nachdüngen. Die Pflanzen gleichmäßig feucht halten. Kalte Wassergaben über das Laub können zu Blattflecken führen.

Pflanzenschutz: Niedrige Temperaturen führen zu einer erhöhten Anfälligkeit gegenüber Wurzelerkrankungen.

Sorten: Im Handel sind die 'Summer Wave'- und 'Coolaris'-Serien in verschiedenen Blau- und Rosatönen, wie auch die 'Moon'- und 'Viva'-Serien mit blauen, violetten, weißen, rosafarbenen und auch gelben Farbsorten. Den stärksten Hängecharakter besitzt die 'Summer Wave'-Serie, sie eignet sich besonders für Ampeln und Balkonkastenbepflanzungen. Besonders eindrucksvoll sind die goldgelben Farbsorten, deren Blüten einen kontrastfarbenen violetten Schlund aufweisen. Weiße Sorten sind meist etwas heller im Laub. Eisenmangelsymptome werden hier schnell sichtbar.

MEIN RAT

Gelbe, chlorotische Aufhellungen können bei Blaumäulchen sowohl auf Kälteschäden als auch auf Eisenmangel zurückzuführen sein. Beginnende Kälteschäden verschwinden wieder bei höheren Temperaturen. Ansonsten die Pflanzen mit einem Eisendünger behandeln.

Eine edle Kombination: Hier wurden Blaumäulchen mit Schneeflockenblumen und als Blattschmuckpflanze Ziersalbei 'Aureum' arrangiert.

Blattschmuckpflanzen – Ruhepol für die Augen

Silberwinde und Smaragdwinde
Dichondra repens und ***Dichondra repens* var. *argentea***

 selten   A

Allgemeines: Die nicht winterharten Pflanzen zählen zur Familie der Windengewächse und werden in den Tropen und Subtropen als weicher Bodendecker verwendet. Die je nach Sorte silberfarbenen oder grünen Blätter sind nierenförmig und ca. 1–2 cm groß. An den Knoten ihrer Stängel bilden sie Wurzeln und breiten sich somit flächendeckend aus. Im Sommer können sehr kleine, nahezu unscheinbare weißgrüne Blüten auftreten. In Ampeln- und Balkonkasten-Kombinationen bilden sie dichte, herabfallende Blütenteppiche. Die grünlaubige *Dichondra repens* entwickelt etwas größere Blätter und bildet anfänglich dichte, gut verzweigte breite Kissen, die später in Ampeln nach unten hängen. Die silberlaubigen Pflanzen hingegen wachsen sehr stark hängend und entwickeln sehr lange Triebe über 100 cm. Durch ihre Laubfarbe wirken sie in Kombinationspflanzungen besonders edel. Die Pflanzen werden im Profigartenbau über Aussaat vermehrt. Größere Pflanzen lassen sich auch über Teilung gut vermehren und bei der grünlaubigen Smaragdwinde ist eine Vermehrung über Stecklinge gut möglich. Die nicht winterharten Pflanzen eignen sich auch sehr gut für temperierte und warme Wintergärten als ganzjähriger Bodendecker oder als Ampelpflanze.

Standort: Sonnig bis halbschattig.

Pflege: Zur Pflanzung empfehlen sich gut strukturierte Blumenerden. Da *Dichondra* in der Regel als Kombinationspflanzen verwendet werden, richtet sich die Düngung nach den Blütenpflanzen: Ideal ist eine kontinuierliche Nährstoffgabe mit jeder Bewässerung in einer

Dichondra repens ist ein dankbarer Pflegling und eine ideale Ampelpflanze.

Konzentration von 0,05 bis 0,1 %. *Dichondra* benötigen eine gute Wasserversorgung, sind jedoch sehr empfindlich gegenüber Staunässe. Die silberlaubige *Dichondra* gilt auch als sehr trockenheitstolerant.
Pflanzenschutz: Blattläuse und Weiße Fliege.
Sorten: Im Handel sind zwei Saatgutsorten: 'Silver Falls', mitunter auch als »Silberregen« bezeichnet, mit stark hängendem Wuchs und kleinen, silberfarbenen Laubblättern und 'Emerald Falls' mit etwas breiterem, hängendem Wuchs und mittelgrünem Laub.

Gundermann
Glechoma hederacea

  selten   A

Allgemeines: Die kriechende, winterharte Staude ist fast überall in Europa beheimatet. Die Triebe dieser niederliegenden Art wurzeln oft an den Knoten und bilden mit ihren grob gezähnten, behaarten Blättern dichte, ausgedehnte Matten. In Balkonkästen und Ampeln bildet der Gundermann bis zu 2 m lange, senkrecht nach unten hängende, dicht belaubte Ranken. Mitunter blühen im Frühsommer kleine violette Blüten in den oberen Blattachseln.
Standort: Bevorzugt halbschattige oder schattige Lagen. Bei gleichmäßiger Bodenfeuchte kommt die Pflanze auch an sonnigen Standorten zurecht. Bei intensiver Sonneneinstrahlung sind zögerliches Wachstum der Pflanzen und eine Verbräunungen des Laubes möglich.
Pflege: *Glechoma* ist leicht durch Stecklinge oder durch Teilung zu vermehren. Die Jungpflanzen in gut durchlässige Einheitserden topfen. Nach dem Einwurzeln der Pflanzen wöchentlich mit 0,2 % eines ausgewogenen Volldüngers düngen. Pflanzen gleichmäßig feucht halten, in sonnigen Lagen nicht über das Laub gießen.
Pflanzenschutz: Echter Mehltau bei feuchter Witterung und im Herbst. Außerdem Weiße Fliege, Blattläuse, Thripse und Spinnmilben.
Sorten: Als Blattschmuckpflanze wird nur die panaschierte (gefleckte) Form 'Variegata' des heimischen Gundermanns verwendet, mit runden, stark gezähnten, weiß-bunten Blättern. Auch wertvoll als Polsterbildner, Bodendecker und, aufgrund der Winterhärte, für herbstliche Kombinationspflanzungen.

Der panaschierte Gundermann 'Variegata' ist winterhart.

Lakritzkraut
Helichrysum petiolare

 selten ☼ – ◐   A

Allgemeines: Die silberweiß behaarte, nicht winterharte Blattschmuckpflanze stammt ursprünglich aus Südafrika. Aus einem Netzwerk von Rhizomen entwickeln sich laufend neue, zunächst aufrecht wachsende, später überhängende Triebe. Die unscheinbaren, sehr kleinen, cremeweißen Korbblüten erscheinen im Heimatland in der Regel erst im zweiten Jahr oder auch in der Folge von sehr kühler Witterung.

Standort: Silberlaubige und gelbgrün panaschierte (gefleckte) Sorten eignen sich sowohl für sonnige als auch für halbschattige Lagen. Für reingelbe Sorten einen halbschattigen oder schattigen Standort bevorzugen; bei praller Mittagssonne können die Laubblätter verbrennen.

Pflege: Sehr robuste Pflanzen. In Blumenerden mit guter Bodenstruktur pflanzen. Die Pflanzen reagieren auf hohe Düngermengen mit starkem Wachstum. Lieber etwas behutsamer, jedoch auch wöchentlich düngen. Kurzfristige Trockenheit wird vertragen. Rückschnitt erfolgt bei übermäßigem Wachstum.

Pflanzenschutz: Blattläuse, Weiße Fliege.

Sorten: 'Silver' (silberlaubig, starkwüchsigste Sorte), 'Rondello' (starkwüchsig, cremegelbe Blätter mit graugrüner Mitte), 'Goring Silver' (wie 'Silver', jedoch kompakter und kleinlaubiger) und 'Gold' (gelb-laubig).

Kompakte Sorten eignen sich auch als Einfassungspflanzen für Beete. Allerdings sind die Pflanzen nicht winterhart. Sie können jedoch im frostfreien Wintergarten überdauern. Im Folgejahr bilden die Pflanzen zahlreiche, cremefarbene Blüten mit begrenztem Schmuckwert, zudem verholzen die Pflanzen sehr.

MEIN RAT

Beim Einkauf großblättriger Lakritzkraut-Sorten empfiehlt es sich, auf kleine Pflanzen zurückzugreifen. Die Pflanzen entwickeln sich sehr stark und verdrängen schwachwüchsigere Kombinationspflanzen. Im Laufe eines Sommers kann eine einzige Pflanze der Sorte 'Silver' über 1 m breit werden! Deshalb immer nur mit starkwüchsigen Partnern kombinieren. Sehr schön ist z. B. die Kombination der Sorte 'Silver' mit purpurfarbenen 'Surfinia'-Petunien.

Das silberlaubige Lakritzkraut, hier mit 'Babylon'-Verbenen 'Neon Rose', ist sehr starkwüchsig und darf ruhig hin und wieder zurückgeschnitten werden.

Süßkartoffeln
Ipomoea batatas

 selten   A

Allgemeines: Die wärmeliebenden Süßkartoffeln sind ursprünglich ausdauernde Kletterpflanzen aus Mittelamerika. Sie werden heute weltweit in den Tropen und Subtropen als Nutzpflanzen angebaut, um die großen Knollen mit weißem, gelbem und orangefarbenem Fleisch zu ernten. Seit jüngerer Zeit werden Blattschmucksorten mit unterschiedlichen Laubfarben wie Mahagonibraun, Bronze, Maigrün bzw. auch mehrfarbig angeboten. Sie lassen sich hervorragend mit Blütenpflanzen kombinieren. Die Laubblätter können ganzrandig herzförmig oder attraktiv gelappt sein. Da die Pflanzen auf Blattschmuckeignung selektiert sind, bilden sich nur noch selten die typisch trichterförmigen, lavendelfarbenen Blüten. Die neuen Blattschmucksorten werden über Stecklinge vermehrt. Bei der Selektion der Sorten stehen die Pflanzenentwicklung und der Schmuckwert der Laubblätter im Vordergrund, die Knollenbildung spielt keine große Rolle.

Standort: Nur für warme und sonnige Standorte empfehlenswert.

Pflege: Da die Pflanzen sehr kälteempfindlich sind, erst bei ausreichend hohen Temperaturen, meist ab Mitte Mai, auspflanzen. Typische Kälteschäden sind Wachstumsstillstand, Einreißen der Blätter und Absterben der Pflanzen. Zur Pflanzung nährstoffreiche, gut drainierte Erden verwenden. Einige Sorten sind sehr starkwüchsig und benötigen entsprechend gute Düngung. Ab der vierten Pflanzwoche sind wöchentliche Gaben mit 0,2–0,3 % eines Volldüngers bzw. die kontinuierliche Düngung mit einer leichten, 0,1 %igen Volldünger-Lösung bei jeder Wassergabe empfehlenswert. Manche Sorten bilden im Herbst große Knollen. Dabei können die Knollen einen erheblichen Druck auf die Gefäße ausüben und Balkonkästen oder Ampeln aus leichtem Kunststoff sogar sprengen.

Pflanzenschutz: Blattläuse.

Sorten: 'Sweet Caroline'-Serie mit gefiederten Farbsorten in Kupferbronze, Dunkelbraun und Goldgrün, 'Sweet Heart'-Serie mit herzförmigen Blättern in verschiedenen Farben, 'Marguerite' mit hellgrünem Laub und starkem Wuchs und 'Black Tone' mit rotem Laub. Sorten aus der 'Sweet Caroline'-Serie entwickeln nur sehr kleine Knollen, hingegen kann die Ernte bei einigen Sorten beträchtlich ausfallen. Aus den Knollen kann man schmackhafte Gerichte zubereiten.

Viele *Ipomoea batatas*-Sorten bilden sehr schmackhafte und große Knollen. Bei den schönen Ziersorten der `Sweet Caroline´-Serie sind diese jedoch sehr klein.

Schmuckblattpelargonien
Pelargonium × hortorum

 6–9   ☼   A

Allgemeines: Neben der großen Sortengruppe der aufrechten und hängenden Blütenpelargonien (siehe Seite 52) gibt es auch einige als Blattschmuckpflanzen geeignete Untergruppen, darunter die »Variegata«- oder Blattschmucksorten. Sie tragen auffällige grün-weiße, grün-gelbe, rotbraun-grüne und dreifarbige Laubblätter mit dekorativen Formen. Bereits im 18. Jahrhundert waren buntblättrige Pelargonien in englischen Pflanzensammlungen zu finden. Neben attraktiven Laubblättern bringen sie auch sehr schöne Blüten in Rot, Lila, Rosa und Scharlach hervor.

Blütezeit: Mai bis Oktober, die Blüten erscheinen jedoch nicht so zuverlässig wie bei den eigentlichen Blütensorten. Kühle Überwinterung und kühle Nachttemperaturen fördern die Blüteninduktion.

Standort: Sonnig bis halbschattig. Im Halbschatten werden weniger Blüten gebildet.

Pflege: Pflanzung in nährstoffreiche, tonhaltige Blumenerden. Bezüglich des Platzbedarfes das Wuchsverhalten der einzelnen Sorten beachten. Es gibt starkwüchsige, aber auch schwachwüchsige Vertreter. Pflanzen nicht zu nass kultivieren. Nach dem Einwurzeln wöchentlich und in Abhängigkeit von der Wuchsstärke mit 0,2–0,3 % eines ausgewogenen Volldüngers düngen. Vor den ersten Frösten zurückschneiden und bei 6–10 °C in einem hellen Raum überwintern. Hierbei nur spärlich gießen.

Pflanzenschutz: Grauschimmel, Blattläuse.

Sorten: Viele alte und neue Züchtungen. Die 'Pelgardini'-Serie umfasst ein größeres Sortiment auserlesener und gesunder Schmuckblattpelargonien.

Einige Sorten wirken nicht nur durch ihr schönes Blattmuster, sondern blühen auch über den ganzen Sommer, wie z. B. 'Frank Headley' mit weiß gerandeten Laubblättern oder 'Vancouver Centennial' mit sternförmigem, schokobraunem Laub.

Weitere attraktive Blattschmuckpflanzen

Art	Sorte	Laub	Wuchs	Standort	Bemerkung
Greisenkraut (Calocephalus brownii)		Silbergraue, stark verzweigte Triebe	Aufrecht bis halbhängend	Sonnig bis halbschattig	Starker Kontrast zu Blütenpflanzen
Kleines Lakritzkraut (Gnaphalium microphyllum)		Silbergrau	Buschig, überhängend	Sonnig bis halbschattig	Auch als Helichrysum petiolare 'Silver Mini' im Handel
Lakritzkraut (Helichrysum petiolare)	'Silver' 'Rondello'	Silbergrau, Grün-gelb	Starkwüchsig, buschig	Sonnig bis halbschattig	Robust und starkwüchsig
Buntnessel (Lamium maculatum)	'White Nancy'	Silber-grün	Kriechend, hängend	Halbschattig bis schattig	Weiße Blüten; winterhart
Pfennigkraut (Lysimachia nummularia)	'Goldilocks'	Kleine, gelb-grüne Blätter	Kriechend bis hängend	Halbschattig bis schattig	An geschützten Standorten winterhart
Kiwi-Knöterich (Muehlenbeckia complexa)		Kleine, runde Blätter an drahtigen Stielen	Buschig, überhängend und kletternd	Sonnig bis halbschattig	Filigrane Pflanze, mit schwachwüchsigen Pflanzen kombinieren
Flamingoblatt (Oenanthe japonica)	'Flamingo'	Gefiedertes, rosa-weiß bis grün-grau panaschiertes (geflecktes) Laub	Kriechend, hängend	Sonnig wie auch schattig	Winterhart
Schmuckblattpelargonien (Pelargonium-Sorten)	'Pelgardini'-Serie	Von Schokobraun bis mehrfarbig	Buschig	Sonnig	Schmuckwirkung durch Laub und Blüten
Mottenkönig (Plectranthus coleoides)	'Variegata'	Weiß-grün panaschiert (gefleckt)	Starkwüchsig, buschig mit langen Ranken	Sonnig	Sehr robuste Pflanze mit starkem Duft
Ziersalbei (Salvia officinalis)	'Icterina' 'Purpurascens' 'Tricolor'	Gelb-grün Auberginefarbene Blätter Grün-rot-gelb	Buschig	Sonnig bis halbschattig	Auch als Gewürzpflanze verwendbar; nur bedingt winterhart
Süßkartoffel (Ipomoea batatas)	'Marguerita' 'Variegata' 'Blacky'	Maigrün Grün-weiß-rot Mahagonibraun	Buschig, anschließend hängend	Halbschattig	Wärmeliebend (mind. 15 °C); im Herbst bilden sich essbare Süßkartoffeln

Duftende Balkon- und Würzpflanzen – Pflanzen für die Sinne

Indianerminze; Mexikanische Duftnessel
Agastache mexicana

 6–10   A

Allgemeines: Die Indianerminze stammt ursprünglich aus Nord- und Mittelamerika. Die neuen Kulturformen der *Agastache mexicana* wachsen buschartig, aufrecht, erreichen in Gefäßen meist eine Höhe von 40–60 cm und bezaubern als duftende Kübelpflanzen im Sommer. Die Indianerminzen entwickeln ab Juni unermüdlich auffällige Blütenrispen mit röhrenförmigen, zweilippigen Blüten in Weiß, Rosa, Purpurrot und in Goldgelb. Während der Blütezeit wirken *Agastache*-Sorten sehr anziehend für Schmetterlinge, Wildbienen und andere Insekten. Das Laub duftet sehr angenehm minzig, anisartig und erfrischend, meist variiert der Duft je nach Farbsorte. Die Blätter können gesammelt und für die Zubereitung von Tees, zum Würzen von Salaten oder für Duftsäckchen verwendet werden. Die Pflanzen gelten als bedingt winterhart. Die Vermehrung erfolgt über Saatgut aus Spezialgärtnereien und Staudenbetrieben wie auch über Stecklinge selektierter Farbsorten.

Blütezeit: Juni bis Oktober.

Standort: Empfehlenswert für sonnige Lagen. Bei einer Auspflanzung in Beete leicht feuchte und gut durchlässige Böden wählen.

Pflege: Die Pflanzen sind pflegeleicht und schnellwüchsig, sofern sie in gut durchlässige Erden gepflanzt und gleichmäßig mit Wasser versorgt werden. Staunässe jedoch vermeiden. Nach dem Einwurzeln in Gefäße empfiehlt es sich, die Pflanzen während der Sommermonate wöchentlich mit 0,2–0,3 % eines Volldüngers zu düngen bzw. die Pflanzen kontinuierlich mit einer leichten, 0,1 %igen VolldüngerLösung bei jeder Wassergabe zu versorgen.

Pflanzenschutz: Schnecken.

Sorten: Angeboten werden verschiedene Saat-

Agastache mexicana, hier 'Acapulco Orange', heißt in ihrer Heimat Kolibri-Minze. Aus den aromatischen Laubblättern lässt sich auch ein erfrischender Tee zubereiten.

gutsorten mit unterschiedlichen Blütenfarben und Wuchshöhen von 40–120 cm Höhe, mitunter werden sie auch als Lemon-Ysop, Anis-Ysop, Mexikanischer Riesen-Ysop oder Mexikanische Zitronenminze bezeichnet. Über Stecklinge vermehrt wird die einheitliche 'Acapulco'-Serie in den Farbsorten Goldgelb, Orange, Rot und Purpur. Sie wird ca. 40–50 cm hoch.

Hänge-Rosmarin
Rosmarinus lavandulaceus

 8–11   A

Allgemeines: Der bekannte Rosmarin *(Rosmarinus officinalis)* ist ein kleiner, selten über 1,2 m hoher, aufrecht wachsender, immergrüner Strauch aus dem Mittelmeerraum. Wegen seiner nadelartigen, dunkelgrünen, aromatischen Blätter wird er seit Jahrhunderten als Heil- und Gewürzpflanze geschätzt und kultiviert. *Rosmarinus lavandulaceus* wächst hingegen mattenförmig mit überhängenden Trieben und eignet sich daher sehr gut für den Balkonkasten sowie auch als Kübelpflanze. Er verfügt über die gleichen Würzeigenschaften wie *Rosmarinus officinalis* und kann auch als Küchengewürz verwendet werden.
Blütezeit: Von August bis November werden zahlreiche, ca. 3 cm lange, dichte, hellblaue Blütentrauben gebildet.
Standort: Sonnig und warm.
Pflege: Hänge-Rosmarin ab Mai in nährstoffreiche Erden mit guter Bodenstruktur pflanzen, z. B. Staudensubstrate. Die sonst anspruchslosen Pflanzen reagieren empfindlich auf zu hohe Bodenfeuchtigkeit und Staunässe. Behutsam gießen. Von Juni bis Ende August wöchentlich mit 0,2 % eines Volldüngers düngen. Unter unseren klimatischen Bedingungen sind die Pflanzen nicht ganz winterhart. Eine Überwinterung an einem hellen, frostfreien Ort ist jedoch unproblematisch.
Pflanzenschutz: Wurzel- und Wurzelhalserkrankungen bei zu nasser Kultur.
Sorten: 'Capri', 'Corsian Blue' (halb hängender Wuchs).

MEIN RAT

Regelmäßiger Rückschnitt während des Sommers sorgt für kompakten Wuchs und regt die Bildung neuer Triebe an. Schnittgut für die Küche verwenden!

Die kleinen, himmelblauen Blüten des Hänge-Rosmarins erscheinen erst im Herbst und halten bei kühler, jedoch frostfreier Überwinterung bis tief in den Winter.

Kaugummipflanze
Satureja douglasii 'Indian Mint'

 6–9   –   N

Allgemeines: Schon die Griechen und Römer schätzten Pflanzen der Gattung *Satureja* wie das Bohnenkraut *(Satureja hortensis)* und das Bergbohnenkraut *(S. montana)* wegen ihrer aromatischen Blätter. *Satureja douglasii* ist eine von 30 Bohnenkraut-Arten mit einem natürlichen Verbreitungsgebiet von Kalifornien bis British Columbia in Kanada. Die mehrjährige, schlanke Pflanze besitzt kleine, kreisrunde Blätter mit einem Durchmesser von etwa 2,5 cm, die sehr stark minzeartig duften. Dieser an Spearmint-Kaugummi erinnernde Duft wird bei Berührung frei. Die wüchsige, attraktive Hängepflanze wird etwa nur 20 cm hoch, kann aber während des Sommers bis zu 2,5 m lange, verzweigte Rankenkaskaden bilden.

Blütezeit: Von Juni bis Herbst werden in den Blattachseln kleine, unscheinbare weiße Blüten gebildet.

Standort: Bevorzugt halbschattig, bei gleichmäßiger Bewässerung auch sonnige Lagen möglich. Gute Windverträglichkeit.

Pflege: Unkomplizierte Kombinationspflanze für Balkonkästen und Ampeln. *Satureja douglasii* entwickelt sich sehr zügig in nährstoffreichen Blumenerden, wie z. B. Einheitserde. Nach dem Einwurzeln ist eine wöchentliche Düngergabe von 0,2 % eines Mehrnährstoffdüngers zu empfehlen. Staunässe vermeiden. Die Blätter können zum Aromatisieren von Getränken verwendet werden.

Pflanzenschutz: Eine kaum auffällige, sehr robuste Pflanze.

Sorten: 'Indian Mint' (durch Stecklinge vermehrte Sorte).

Begeistert nicht nur Kinder: Die aromatischen Blätter von *Satureja douglasii* 'Indian Mint' schmecken nach Spearmint-Kaugummi.

Duftpelargonien
Pelargonium fragrans, P. odoratissimum, P. graveolens und andere *P.*-Arten

 5–9   A

Allgemeines: Duftpelargonien waren bereits im 19. Jahrhundert sehr beliebt und an den Fenstern englischer Landhäuser zu finden. Das Sortiment der vielgestaltigen Formen und mannigfaltigen Duftrichtungen ist nur schwer überschaubar und umfasst mehrere hundert Arten. Bei Berührung der Blätter werden ätherische Öle freigesetzt, die in besonderen Drüsen-

haaren der Laubblätter gespeichert sind. Für die Balkonkasten-Bepflanzung eignen sich hängende und schwachwüchsigere Arten und Sorten. Starkwüchsige Formen erzeugen als Kübelpflanze ein mediterranes Ambiente.
Blütezeit: Schwerpunkt im Frühsommer.
Standort: Sonnig, bedingt auch halbschattig.
Pflege: Duftpelargonien in nährstoffreiche, strukturstabile Erden pflanzen und nach Durchwurzelung wöchentlich mit 0,2–0,3 % eines Mehrnährstoffdüngers düngen. Wasserüberschuss vermeiden, lieber etwas trockener halten. Vor dem Winter die Pflanzen zurückschneiden und an einem kühlen (6–8 °C), hellen Ort überwintern, dabei möglichst trocken halten.
Pflanzenschutz: Robuste Pflanzen; Blattläuse.
Sortenbeispiele: Hängende Formen: *P.* 'Apple Mint' (minziger Apfelduft, kleine weiße Blüten), *P. odoratissimum* (Minzeduft, kleine, weiße Blüten). Aufrechte Sorten: *P.* 'Concolour Lace' (Nussduft, rot-pinkfarbene Blüten, Dauerblüher), *P. fragrans* 'Variegatum' (Muskatduft, gelbgrün panaschiertes [= geflecktes] Laub, kleine weiße Blüten), *P. crispum* 'Variegatum' (Zitronenduft, gekräuseltes, gelbgrün panaschiertes Laub, Blüten rosa), *P.*-Graveolens-Hybride 'Lady Plymouth' (Minzeduft, panaschiertes Laub, rosa Blüten). *P. crispum* und *P. querifolium* werden auch als Moskitoschocker angeboten.

MEIN RAT

Die Blätter von Duftpelargonien eignen sich auch zum Würzen von Gerichten und Aromatisieren von Getränken.

Die Palette der Duftrichtungen bei Duftpelargonien reicht von Zitrone bis Minze, von Rosen-, Zedern-, Karotten- und Schokoladenaromen bis hin zu »Petroleumduft«. Laubblätter mit aromatischen Duftrichtungen können auch kulinarisch verwendet werden.

Duftende Balkonpflanzen, teilweise auch kulinarisch verwendbar

Art	Sorte	Wuchs	Standort	Bemerkung
Zitronenverbene (*Aloysia triphylla*)		Buschig, aufrecht	Sonnig	Hocharomatische Blätter, lecker für Teebereitung; zarte, weiße Blüten
Steinquendel (*Calamintha grandiflora*)	'Variegata'	Aufrecht, buschig; grün-gelb panaschierte Blätter	Sonnig	Rosa Lippenblüten
Schoko-Kosmee (*Cosmos atrosanquineus*)	'Chocamoca'	Buschig-aufrecht	Sonnig	Dunkelpurpurfarbene Blüten mit Schokoladenduft; nicht essbar; Knollen überwinterbar
Currykraut (*Helichrysum italicum*)		Buschig, silberlaubig	Sonnig	Auch als schöne Strukturpflanze
Echter Lavendel (*Lavandula angustifolia*)	'Hidcote Blue'	Aufrecht	Sonnig	Mitte Mai bis September blaue Blüten
Zierminze (*Mentha suaveolens*)		Buschig, zunächst aufrecht, dann überhängend	Sonnig	Stark wachsend, nur mit ebenso starken Partnerpflanzen kombinieren
Elfenspiegel (*Nemesia*)	'Fragrant Gem' 'Karoo Pink'	Kompakt bis buschig-aufrecht	Sonnig	zartrosa bis rosa Blüten, die intensiv duften
Zieroregano (*Origanum vulgare*)	'Aureum'	Buschig, Kissen bildend mit goldgelben Laubblättern	Halbschattig bis schattig	Als Pizzagewürz verwendbar
Ziersalbei (*Salvia officinalis*)	'Icterina' (grüngelbes Laub), 'Purpurascens' (auberginefarbenes Laub), 'Tricolor' (weiß-grün-purpurfarbenes Laub)	Buschig, überhängend	Sonnig bis halbschattig	Auch als Gewürzpflanze verwendbar
Heiligenkraut (*Santolina chamaecyparissus*)		Kriechend, überhängend; silberblättrig	Sonnig bis halbschattig	Gelbe Blüten. Keine Würzpflanze
Bunter Zitronenthymian (*Thymus × citriodorus* subsp. *variegata*)	'Doone Valley' 'Aureum'	Buschig, aufrecht; gelb-grüne Blätter	Sonnig	Auch als Gewürzpflanze verwendbar. Es gibt auch weiß-grüne Sorten

Einjährige Kletterpflanzen: Sichtschutz und Blütenfülle

Asarine, Glockenwinde
Asarina barclaiana (Syn.: *Maurandya barclaiana*) **und *A. scandens***

 6–10   F

Allgemeines: Die beiden anmutigen Kletterpflanzen aus Mexiko und Mittelamerika sind nicht besonders frosthart und werden daher in unseren kühleren Regionen nur einjährig kultiviert. Die zartgrünen, herzförmigen Blätter bilden ein dichtes Laubwerk. Asarinen können 2–3 m hoch klettern.
Blütezeit: Ab Juni bis zum ersten Frost.
Standort: Sonnig und windgeschützt, auch leicht schattige Lagen werden vertragen.
Pflege: Im Februar Saatgut bei Zimmertemperatur in kleinen Töpfen aussäen und leicht mit Erde abdecken. Keimlinge nach 2–3 Wochen zum Abhärten kühler stellen (15 °C) und bei einer Trieblänge von 10 cm zur besseren Verzweigung sanft stutzen. Pflanzen möglichst früh an einem Stab anbinden, da sich die Triebe leicht verknäulen. Ab Mitte Mai Jungpflanzen topfen und ins Freie stellen: z. B. drei Pflanzen in ein mit Einheitserde gefülltes Pflanzgefäß mit 30 cm Durchmesser. Als Kletterhilfe eignen sich am besten gitterförmige Konstruktionen mit schmalen Streben. Pflanzen gleichmäßig feucht halten und wöchentlich mit 0,2–0,3 % eines Volldüngers düngen.
Pflanzenschutz: Robuste Pflanze.

Sorten: *Asarina barclaiana* besitzt 4–5 cm lange und seidig behaarte Blüten. Pflanzen aus Saatgut sind meist rosa bis violett-rosa blühend. Die Blüten von *A. scandens* sind etwas zierlicher. Saatgutsorten werden in einer größeren Farbpalette von Weiß über Rosa bis hin zu Blauviolett mit weiß gefärbtem Schlund angeboten.

Asarina barclaiana, die Glockenwinde mit den attraktiven Rachenblüten, benötigt eine Kletterhilfe, um die sich die Blattstiele winden können.

Prunkwinde
Ipomoea tricolor

 7–10   A

Allgemeines: Die große Gattung *Ipomoea* mit etwa 300 Arten ist in den Tropen und anderen wärmeren Regionen weit verbreitet. Zu ihr gehören unter anderem die Süßkartoffel, aber auch einige der schönsten tropischen Kletterpflanzen. Die meisten Arten sind Schlinger und zeichnen sich durch zahlreiche trichterförmige Blüten aus. *Ipomoea tricolor* ist eine anspruchsvolle, aus Mexiko stammende kletternde Staude und wird bei uns meist als Einjährige kultiviert. Sie kann mit ihren kordelartigen, windenden Trieben eine Höhe bis zu 3 m erklettern und eine Breite von 1,5 m erreichen. Auffallend sind die hellgrünen, 10 cm großen, herzförmigen Blätter und die lang gestielten, trichterförmigen Blüten mit einem Durchmesser von bis zu 15 cm.

Blütezeit: Juni bis September. Reicher Blütenflor. Die Einzelblüte ist jedoch sehr kurzlebig und nach einem Tag verblüht. Dafür werden jedoch ständig neue Blüten gebildet. Bei Regen und hohen Temperaturen während der Mittagszeit schließen sich die Blüten.

Standort: Sonnig und windgeschützt. Bei anhaltender nasser und kalter Witterung kann es zu Blüh- und Wachstumsstörungen bis hin zum Totalausfall kommen.

Pflege: Vermehrung im März und April über Saatgut und Stecklinge bei Zimmertemperaturen. Ab Ende Mai drei Pflanzen in ein 30–36 cm großes Pflanzgefäß topfen und eine Kletterhilfe mit nicht zu dicken Streben befestigen. Nährstoffreiche Blumenerden verwenden. Prunkwinden haben einen hohen Wasser- und Nährstoffbedarf. Pflanzen gleichmäßig feucht halten und wöchentlich ein- bis zweimal mit 0,2–0,3 % eines Volldüngers düngen.

Pflanzenschutz: Echter Mehltau.

Sorten: Attraktive himmelblaue Blüten besitzen 'Clark's Himmelblau' und 'Heavenly Blue'. Weiterhin ist auch die karmesinrot blühende Sorte 'Scarlett O'Hara' im Handel. Ein Hingucker ist auch *Ipomoea purpurea*, die Purpur-Prunkwinde. Im Handel ist die Sorte 'Grandpa Ott' als Saatgut erhältlich. Manche Fachgärtnereien bieten im Mai Fertigpflanzen an kleinen Spaliergerüsten an. Die großen Blüten sind spektakulär: samtiges Nachtblau mit hellem Auge und von rosa-violetten Streifen durchzogen. Die Pflanzen werden im Sommer bis zu drei Meter hoch und benötigen ein Rankgitter oder Spalier.

Die großen, eindrucksvollen Einzelblüten der Prunkwinde 'Clarks Himmelblau' blühen jeweils nur einen Tag.

Mandeville
Mandevilla, Dipladenia

 6–10   A

Allgemeines: *Mandevilla* stammen ursprünglich aus Mittel- und Südamerika. Sie sind schnell wachsende Kletterpflanzen mit verholzenden Stängeln und tragen große rote, rosafarbene oder weiße, trompetenförmige Blüten. Die Blütengröße variiert je nach Sorte zwischen 6 und 15 cm. Die Blüten von einigen Arten sollen sogar duften. Manche Arten und Sorten können beträchtliche Höhen über 2 m erklettern, indem sie sich um ihre Stützen ranken. Je nach Sortengruppe sind die Laubblätter unterschiedlich groß und sattgrün. Die Pflanzen können in temperierten und warmen Wintergärten überwintert werden.

Blütezeit: Juni bis Oktober.

Standort: Sonnig und warm. Die Pflanzen dürfen erst ab Mai ins Freiland gestellt werden. Kühle Temperaturen im Juni, die sogenannte Schafskälte, kann zum Wachstumsstillstand bei den Pflanzen führen.

Pflege: Neue, ausgelesene Sorten werden über Stecklinge vermehrt. Die Anzucht der Kletterpflanzen ist sehr langwierig und beginnt bereits im Sommer des Vorjahres. Für die Pflanzung eignen sich gute, nährstoffreiche Kübelpflanzenerden. Weiterhin werden standfeste Gefäße und ein Klettergerüst benötigt. Bei beginnendem Wachstumsschub der Pflanzen im Juni sollten die Pflanzen kontinuierlich mit einem ausgewogenen Dünger versorgt werden, z. B. ein- bis zweimal wöchentlich mit 0,2 – 0,3 % oder mit 0,1 % bei jeder Wassergabe. Die Pflanzen tolerieren eher Trockenheit als Staunässe.

Pflanzenschutz: Blattläuse, Spinnmilben. Auch bei der Überwinterung die Pflanzen regelmäßig auf Befall kontrollieren.

Sorten: Viele Farbsorten in verschiedenen Rot- und Rosatönen und in Weiß. Besonders umfangreich ist die 'Sundaville'-Serie, die sich in unterschiedliche Wuchs- und Verwendungsgruppen einteilen lässt: 'Sundaville Classic'-Serie, deren Farbsorten kleines Laub tragen und sich als Kletter- und Ampelpflanzen eignen, 'Sundaville Pretty'-Serie mit stärker rankenden Sorten und größeren Blüten und die 'Sundaville Cosmos'-Serie. Letztere umfasst sehr stark rankende großlaubige Sorten mit eindrucksvollen großen Blüten. Weitere schöne Sorten umfassen die 'Rio'-, 'Klevilla'- und 'Summer Bell'-Serien. Eine Besonderheit ist 'Super Trouper' mit großen, gefüllten Blüten in Rosa.

Mandevilla 'Sundaville Pretty Red' ist pflegeleicht und blüht kräftig rot.

Schwarzäugige Susanne
Thunbergia alata und *T. gregorii*
(Syn.: *T. gibsonii*)

 5–10　　　　　　 F

Allgemeines: Die beiden, bei uns in der Regel einjährig kultivierten, nicht winterharten Arten stammen aus dem tropischen Afrika. *Thunbergia alata* gilt als robust, erreicht schnell eine Höhe von 2 m und bietet mit ihren herzförmigen Blättern einen guten Sichtschutz. Sie eignet sich sowohl als Kletterpflanze wie auch als Hängepflanze in einem Balkonkasten. Namensgebend waren ihre 5 cm großen, orangefarbenen Blüten mit schwarzem Schlund. Als eine der schönsten Kletterpflanzen gilt *Thunbergia gregorii*. Sie klettert etwas langsamer und wird knapp 2 m hoch. Ihre großen, lang gestielten, orangefarbenen Blüten haben kein schwarzes Auge, bestechen dafür jedoch durch eine unglaubliche Leuchtkraft. Die seidig behaarten, ballonförmigen Kelchblätter bleiben nach dem Abfallen verwelkter Blüten noch lange an der Pflanze und sehen den neuen Knospen täuschend ähnlich.

Blütezeit: Mai bis Oktober.

Standort: Sonnig, auch halbschattig, windgeschützt.

Pflege: Anzucht aus Samen ab März oder Zukauf von Jungpflanzen Ende Mai. Anschließend in nährstoffreiche Blumenerden topfen: z. B. drei Jungpflanzen in ein 12-Liter-Pflanzgefäß. Als Kletterhilfe eignen sich Gitter, senkrechte Schnüre und Stäbe.
Reichlich gießen und düngen, z. B. je nach Wachstum wöchentlich ein- bis zweimal mit 0,2 % eines Volldüngers.

Pflanzenschutz: Echter Mehltau bei feuchter Witterung und bei Kultur in Innenräumen (z. B. Wintergärten).

Sorten: Bei *Thunbergia alata* sind auch Züchtungen mit weißen, zitronengelben und orangebraunen Blütenblättern mit oder ohne Auge im Handel. Zu den schönsten Sorten zählt 'Superstar Orange' mit großen orangefarbenen Blüten und schwarzem Auge. Häufig sind sie jedoch nur als Mischungen erhältlich. *Thunbergia gregorii* wird über Stecklinge vermehrt und als Sorte 'Orange Star' angeboten. Eine weitere, zwar seltene, jedoch sehr attraktive Kletterpflanze ist *Thunbergia battiscombei* mit großen samtblauen Blüten und gelber Mitte. Sie wird nur 1 m hoch.

Die wärmeliebende Schlingpflanze *Thunbergia gregorii* wird auch Oranger Glockenwein genannt und kann bei 16 °C überwintert werden.

Weitere einjährige Kletterpflanzen für Pflanzgefäße

Art	Blüte	Standort	Anmerkung
Glockenrebe *(Cobaea scandens)*	Große, glockenförmige Blüten; zuerst grün-weiß, später violett; auch creme-weiße Sorte	Sonnig und warm	Große und hohe Pflanzgefäße wählen; zu viel Dünger mindert die Blühleistung. Pflanze kann 3–4 m hoch werden
Schönranke *(Eccremocarpus scaber)*	10–15 cm lange Trauben aus gelben, roten, orange- und pinkfarbenen Blüten	Warm, sonnig und geschützt	Blattranker mit einer Kletterhöhe bis 3 m; Überwinterung an einem kühlen, hellen Ort möglich
Prunkwinde *(Ipomoea tricolor)*	Große, trichterförmige Blüten, meist in blauen Tönen	Sonnig	Schlinger mit einer Kletterhöhe bis zu 3 m; kurzlebige Einzelblüten
Duftwicke *(Lathyrus odoratus)*	Schmetterlingsblüten in Weiß, Rosa, Rot-Blau, Violett; intensiver Blütenduft	Sonnig und windgeschützt	Für hohe Blühleistung Verblühtes regelmäßig entfernen. Es gibt auch niedrigbleibende Zwerg- und Buschformen (20–30 cm hoch)
Sternwinde *(Quamoclit lobata)*	Bis 40 cm lange Blütentrauben; Einzelblüten: im Knospenstadium rot, während des Aufblühens orange, gelb und zuletzt rot	Sonnig und warm	Kletterhöhe bis 3 m. Ausreichend große Pflanzgefäße wählen
Rosenkelch *(Rhodochiton atrosanguineus)*	5 cm lange, purpurrote Blüten und pinkfarbene Kelchblätter; diese bleiben wie kleine Schirmchen nach dem Verblühen noch an der Pflanze	Vollsonnig, warm und windgeschützt	Blattstielranker mit einer Kletterhöhe bis zu 3 m. Auch geeignet als Hängepflanze für Ampeln, Balkonkästen sowie Verwendung als Zimmerpflanze
Kapuzinerkresse *(Tropaeolum majus)*	Große, lang gestielte Trichterblüten in Gelb, Orange und Rot; neben einfach blühenden auch halbgefüllt oder gefüllt blühende Sorten	Sonnig, auch halbschattig; im Halbschatten werden jedoch weniger Blüten gebildet	Bei der Sortenwahl auf rankende Klettertypen achten! Sie können 2–3 m hoch werden. Daneben gibt es auch buschig wachsende Sorten, die sich für Töpfe, Ampeln und Balkonkästen eignen
Kanarische Kresse *(Tropaeolum peregrinum)*	Zitronengelbe Blüten mit gefransten Rändern und einem Durchmesser von 3 cm	Sonnig, auch halbschattig; im Halbschatten weniger Blüten	Zu hohe Stickstoffgaben vermindern die Blühleistung. *Tropaeolum peregrinum* wird auch als Kapuzinerkresse bezeichnet

Technik rund um Balkonkasten und Blumenampel

Die Pflege von Balkonkästen und Blumenampeln lässt sich durch entsprechende Vorkehrungen und die geeignete Technik wesentlich erleichtern und sogar weitgehend automatisieren. Dadurch kann man unbesorgt in den Urlaub fahren.

Gefäße und Befestigungen

Bei der Entscheidung für ein Pflanzengefäß werden Kriterien wie Gewicht, Stabilität, Transportfähigkeit, Witterungsbeständigkeit, Pflanzenfreundlichkeit und nicht zuletzt auch der Preis herangezogen. Jedoch bei der Wahl eines Gefäßes aus der Vielfalt an Materialien und Formen spielt nicht nur dessen Funktionalität eine große Rolle, sondern auch die Ästhetik. Eine harmonische Einheit zwischen Pflanzen, Gefäß und Standort ist das Ziel einer attraktiven Gestaltung. Grundsätzlich sollte sich das Gefäß den Pflanzen gestalterisch unterordnen. Wichtig sind ein ausreichender Pflanzraum und **Abzugslöcher** für Gieß- und Regenwasser. Häufig sind die Abzugslöcher nur markiert, sodass man sie erst mit einem Schraubenzieher oder einer Bohrmaschine durchstoßen muss. Ein möglichst großes Volumen für die Pflanzerde ist wünschenswert. Bei Gefäßen mit einem nur kleinen Substratvolumen ist das Risiko von Trockenschäden und Nährstoffmangelsymptomen höher. Weiterhin sollte das Material einen günstigen Einfluss auf Wasser- und Nährstoffhaushalt ausüben und keine Schadstoffe enthalten. Dabei haben die im Handel angebotenen Materialien verschiedene Vorzüge und Nachteile. Nachfolgend werden klassische Materialien für Balkongefäße vorgestellt.

Pflanzgefäße

Kunststoffgefäße

Die leichten und preiswerten Gefäße und Balkonkästen aus Kunststoff werden in einer großen Formenvielfalt und Größenpalette angeboten. Polyethylen-Materialien (PE) sind den weniger attraktiven und kürzer haltbaren PVC-Gefäßen vorzuziehen. Hinsichtlich der Größe sind Balkonkästen mit einer Höhe von 18–20 cm und einer Tiefe von 20 cm ideal. Die Länge sollte 100 cm nicht überschreiten, um den Transport nicht zu erschweren. Hochwertige Kästen mit Flechtoptik passen zu einem mediterranen Landhausstil.

Gefäße aus Ton

Die Qualität der Gefäße ist maßgeblich abhängig von der Tongüte und der Herstellungsart, insbesondere Trocknungsdauer und Höhe der Brenntemperatur. Besonders wertvoll sind beispielsweise handgeformte Terrakottagefäße aus Impruneta (Toskana) mit ihren schönen klassischen Formen.
Häufig entstehen auf der Oberfläche der atmungsaktiven, unglasierten Tongefäße mineralische Ausblühungen durch Auswaschungen aus dem Ton oder durch Ausspülung von Düngerlösungen. So mancher findet dies hässlich, andere hingegen streben eine solche Patina für ein rustikales Ambiente sogar an.

MEIN RAT

Schwarze Kunststoffgefäße können sich bei intensiver Sonneneinstrahlung sehr stark erwärmen, was im Extremfall bis zu Verbrennungsschäden an den Wurzeln führen kann.

Holz

Holzgefäße sind je nach Holzqualität unterschiedlich anfällig für Feuchtigkeit und Verwitterung. Generell sind Harthölzer vorzuziehen. Die Gefäße müssen vor der Bepflanzung sorgsam mit pflanzenverträglichen Mitteln imprägniert und regelmäßig nachbehandelt werden.

Aufstellung und Befestigung

Ampeln und **Hanging Baskets** werden in der Regel an eingedübelten Deckenhaken oder, bei Holzkonstruktionen, auch an Schraubhaken angebracht. Hierbei müssen sowohl das Gewicht des Gefäßes (bei großen Ampeln 10 kg) als auch ein sehr fester Halt bei Sturm und Gewitter berücksichtigt werden. Eine zusätzliche Verkettung des Gefäßes an der Wand verhindert zu starke Pendelbewegungen.

Für die Anbringung der **Kästen** am Balkongeländer werden im Fachhandel verschiedene Modelle an fertigen Haken angeboten. In der Regel erfolgt die Anbringung an der Oberkante und Außenseite des Balkongeländers. Besonders praktisch sind Träger aus kunststoffummanteltem Stahl oder Flacheisen, bei denen nicht nur die Handlaufbreite, sondern auch die Halterung für den Kasten verändert werden kann und der Kasten somit fest eingespannt wird. Alternativ hierzu kann man sich auch von einem Schlosser auf das Balkongeländer zugeschnittene Haken anfertigen lassen. Die Stabilität der Haken ist sehr wichtig, da sie insbesondere bei Wasserspeicherkästen ein sehr hohes Gewicht tragen müssen.

Bei Holz- und Eisengeländern ist häufig auch eine **zweireihige Anbringung** von Balkonkästen, am Handlauf wie auch am Fuß des Balkons, möglich. Solche Balkone mit einem üppigen Blumenschmuck findet man oft in den alpenländischen Regionen.

Für moderne Balkongeländer bietet ein 2-in-1-Blumenkastensystem eine Lösung. Es besteht aus einem Außenkasten mit Wasserspeicher, der dauerhaft am Gelände befestigt wird und einem separaten Kasteneinsatz. Der Außenkasten lässt sich mittels einer speziellen Bandhalterung am Balkongeländer anbringen und in Waage ausrichten. Die Pflanzung selbst erfolgt im separaten Kasteneinsatz. So wird eine Wechselbepflanzung spielend leicht.

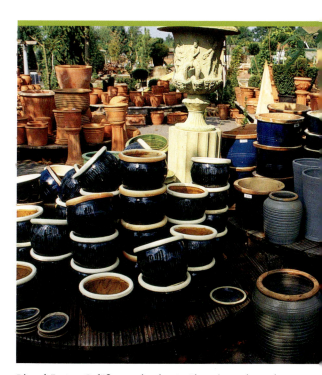

Die schönsten Gefäße werden heute überwiegend aus der Toskana, aus Spanien, Großbritannien und Asien importiert.

Bewässerung: von einfach bis Hightech

»Einen guten Gärtner erkennt man am Gießen«, so lautet eine alte Gärtnerweisheit. Gerade bei der Balkonbepflanzung kann die Bewässerung, eine der wichtigsten Pflegemaßnahmen, zu einer großen Herausforderung für den Pflanzenliebhaber werden. Die bald dicht durchwurzelten Gefäße nehmen nur begrenzt Wasser auf und im Hochsommer treten bald Wasserstresssituationen und Trockenschäden auf. So verlangen mitunter die starkwüchsigen 'Surfinia'-Petunien an einem heißen Sommertag in einem 100-cm-Balkonkasten mit 25 l Substratvolumen 8–12 l Wasser pro Tag. Mehrmaliges tägliches Gießen kann somit sehr zeitaufwendig werden und zieht den Wunsch nach rationelleren Bewässerungsmethoden nach sich. Inzwischen bietet der Fachhandel mehrere Bewässerungssysteme für unterschiedliche Bedürfnisse und in verschiedenen Preislagen an. Vor einem Kauf sollten jedoch erst die eigenen Anforderungen an ein Bewässerungssystem (Ersatz des Gießens per Hand über das Wochenende oder automatische Bewässerung während der Urlaubszeit) und vorhandene technische Einrichtungen auf dem Balkon (eventuelle Wasser- und Stromanschlüsse) geklärt werden. Nachfolgend werden einige aktuelle Bewässerungssysteme beschrieben.

Bei der Anbringung von Ampeln ist zu berücksichtigen, dass diese im Hochsommer nach kräftigen Wassergaben ein sehr hohes Gewicht entwickeln können.

Balkonkästen und Gefäße mit Wasserspeicher

Solche Kästen, Gefäße und Ampeln verfügen über einen doppelten Boden mit einem Wasserspeicher von ca. 4 cm Höhe und Überlauflöchern in Höhe der Trennwand. Der Speicher

MEIN RAT

Bei einer neuen automatischen Bewässerung ist unbedingt eine mehrwöchige Beobachtungszeit anzuraten, in der man die Einstellung des Feuchtefühlers noch korrigieren kann, bevor man wegfährt.

wird über ein Gießrohr nach Bedarf mit der Gießkanne befüllt. Ein **Wasserstandsanzeiger** im Gießrohr informiert über den aktuellen Wasserstand. Das Wasser wird über einen porösen Trennboden oder über Saugdochte vom Speicher bedarfsgerecht in die Pflanzerde befördert. Zu beachten ist hierbei die **Vernässungsgefahr** bei geringem Wasserverbrauch durch die Pflanzen oder bei anhaltenden Niederschlägen. Ein Befüllen des Speichers nur bis zur mittleren Marke des Wasserstandsanzeigers ist bei täglichen Gießvorgängen empfehlenswert.
Ein Auffüllen des Wasserspeichers bis an das Maximum sollte nur Ausnahmefällen vorbehalten bleiben. Viele Pflanzen reagieren sehr empfindlich auf »zu nasse Füße«. Im schlimmsten Fall können ganze Wurzelteile absterben, z. B. bei gelb und orange blühenden Zauberglöckchen-Sorten.

Balkonkästen mit automatisch befülltem Wasserspeicher (»Gärtnerkasten«)

Bei diesem System sind die Wasserspeicher mehrerer Balkonkästen durch Schlauchstücke miteinander verbunden. An einem Kasten pro Anlage wird zentral über ein an einem Wasserhahn angeschlossenes Schwimmerventil Wasser zugeführt. In allen Kästen stellt sich die gleiche Wasserhöhe im Speicher ein. Das Wasser gelangt über einen porösen Trennboden in die Erde. Die Bewässerung erfolgt verbrauchsgerecht und ohne Strom. Voraussetzungen für dieses System sind ein Wasseranschluss und eine absolut niveaugleiche Aufstellung aller Balkonkästen. Auch hier ist eine Kontrolle der gleichmäßigen Befüllung der Kästen erforderlich.

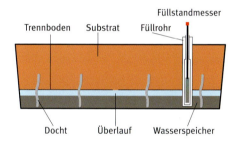

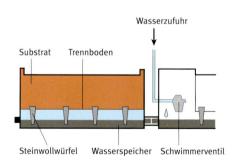

Oben: Balkonkasten mit Wasserspeicher, Dochten, Überlauf und Füllstandsmesser
Unten: Der sogenannte Gärtnerkasten – ein Balkonkasten mit automatisch befülltem Wasserspeicher

Hinweis: Dochte und Steinwollewürfel sind heute nicht mehr erforderlich

Automatische Bewässerung mit Tropf-Blumat

Der Tropf-Blumat, eine wassergefüllte Tonzelle, funktioniert sowohl als Bodenfeuchtefühler wie auch als Tropfer, der über eine Unterdruckmembran gesteuert wird. Pro Meter Balkonkasten werden vier Tropf-Blumate, verbunden über einen Tropfschlauch, in die Erde gesteckt. Dieser ist über einen speziellen Druckminderer an die Wasserleitung oder an ein wassergefülltes Hochgefäß (z. B. auf dem Dachboden) angeschlossen. An jeder Tropfstelle regelt der Tropf-Blumat eigenständig die Wasserabgabe. Trocknet die Erde aus, entsteht im TropfBlumat ein Unterdruck, weil Wasser über die Tonzelle entzogen wird. Dadurch wird der Wasserdurchfluss durch den Tropfschlauch freigegeben, bis die Erde feucht ist. Dieses System bietet den Vorteil, dass auch Pflanzen mit unterschiedlichen Wasseransprüchen und Balkonkästen in unterschiedlichen Stellhöhen bedient werden können. Die Tonkegel arbeiten stromlos und sehr zuverlässig.

System Beta 8

Auch das System Beta 8 arbeitet ohne Strom und nach demselben Prinzip wie das Tropf-Blumat-System, hat jedoch an Stelle von Tonkegeln Quellhölzchen als Feuchtefühler. Diese müssen meist aus Verschleißgründen nach ein bis zwei Jahren ausgetauscht werden.

Das Tropf-Blumat-System gilt als zuverlässiges und leicht zu bedienendes automatisches Bewässerungssystem für Balkonkästen wie auch für Kübelpflanzen.

In einen 1 m breiten Balkonkasten werden vier Tonkegel des Tropf-Blumat-Systems in gleichen Abständen voneinander in die Erde gesteckt.

Computergesteuerte Tropfbewässerung

Für dieses System benötigt man neben einem Wasserhahn auch einen Stromanschluss auf Balkon und Terrasse. Über einen Bewässerungscomputer werden Anzahl und Dauer der täglichen Bewässerungseinheiten gesteuert. Die Bewässerung selbst erfolgt über ein an der Wasserleitung mit Druckminderer angeschlossenes Tropfbewässerungssystem, das über ein Stecksystem von Verlegerohren, Verbindungsstücken und Einzelstücken mit Tropfern beliebig variiert werden kann. Ist die Erde noch ausreichend feucht, unterbindet ein Feuchtefühler (Tensiometer), der zwischen den Pflanzen steckt, die Wassergabe.

Am bekanntesten ist das Gardena-Micro-Drip-System. Es eignet sich für die Bewässerung verschieden großer Gefäße und Balkonkästen bzw. für Pflanzen mit unterschiedlichem Wasserbedarf. Ein Bewässerungscomputer, ein Basisgerät und ein batteriebetriebener Bodenfeuchtefühler regeln die Bewässerung. Das Wasser wird mittels Verteilerschläuchen und T-Stücken in die einzelnen Gefäße geleitet und dort auf die festgelegte Anzahl Tropfer verteilt, die stufenlos von 1 bis 8 Liter pro Stunde einstellbar sind. Im Sommer können sie von den Pflanzen überwachsen werden, sodass beim Nachstellen eine größere Lücke freigelegt werden muss.
Allgemein sind die Anschaffungskosten von automatischen Bewässerungssystemen recht hoch, verteilen sich jedoch auf die Nutzungsjahre.

Eine automatische Bewässerung kann unkompliziert auf die individuellen Bedürfnisse der Pflanzen eingestellt werden.

Über Saugdochte werden die Pflanzen in diesem Kastensystem mit Wasser versorgt. Zu viele Saugdochte führen jedoch zur Vernässung der Pflanzerde.

Balkonbepflanzung in der Praxis

Ein »grüner Daumen« muss kein unerklärbares Phänomen sein. Ein paar praktische Grundkenntnisse, ein bisschen Einfühlungsvermögen und ein waches Auge reichen bereits – die Pflanzen danken es mit gesundem, üppigem Wuchs und reichem Blütenflor.

Substrate und Erden

Pflanzerden, auch Kultursubstrate genannt, dienen nicht nur zur Verankerung der Wurzeln und damit der Standfestigkeit der Pflanze, sondern stellen auch deren Wasser- und Nährstoffversorgung sicher. Basis solcher Substrate sind unterschiedliche **Torfqualitäten, Ton, Komposte,** verschiedene **Hilfs-** und **Zuschlagstoffe** sowie **mineralische** und **organische Dünger.** Wenn man bedenkt, welch kleiner Durchwurzelungsraum den Pflanzen in einem Balkonkasten oder Gefäß zur Verfügung steht, werden die hohen Qualitätsanforderungen an Substrate deutlich.

Aus diesem Grund verwendet die Mehrzahl der Gärtner qualitativ hochwertige, standardisierte **Fertigerden,** sogenannte Industrieerden. Auch dem Pflanzenliebhaber und Balkongärtner sind solche Fertigerden ans Herz zu legen. Die folgenden Anforderungen sollte eine qualitativ hochwertige Erde erfüllen.

Anforderungen an Balkonerden

Strukturstabilität und hohe Luftkapazität

Unter einer hohen Luftkapazität versteht man, dass bei der Zusammensetzung des Substrates ein hoher Anteil an strukturstabilen, größeren Poren gewährleistet ist, die sich auch nach dem Gießen oder nach Niederschlägen rasch wieder mit Luft füllen. Luft und Sauerstoff sind ausschlaggebend für Wachstum und Verzweigung des feinen Wurzelwerkes und damit für die Wasser- und Nährstoffaufnahme und die gesamte Entwicklung der Pflanze. Dies ist wichtig, denn nicht selten werden Balkonpflanzen vergossen. Insbesondere **Weißtorf,** ein jüngerer, nicht so stark zersetzter Hochmoortorf, besitzt ein hohes Porenvolumen und sorgt damit hervorragend für die Durchlüftung des Substrates. Auch Zuschlagstoffe wie **Blähton, Perlite, Styromull, Kokosfasern** und **Reisspelzen** erhöhen die Durchlüftung in einer Pflanzerde. Ein hoher Anteil luftgefüllter Poren wirkt übrigens auch als Wärmespeicher.

Nur gute Pflanzerden sorgen für gesunden und üppigen Pflanzenwuchs.

Gutes Wasserhaltevermögen

Ein gutes Wasserhaltevermögen im Porenraum der Pflanzerde ist genauso wichtig wie eine gute Durchlüftung. Wasser wird überwiegend in kleineren Poren festgehalten, während sich die größeren mit Luft füllen.
Schwarztorf verbessert ebenso wie **Ton** die Wasserhaltekraft eines Substrates. Er wird jedoch schnell abgebaut, sodass schwarztorfreiche Erden zur Verschlämmung neigen.
Rindenkultursubstrate sollten zu höchstens 50 % zugesetzt werden, sie haben ein schlechtes Wasserhaltevermögen und entziehen der Erde Stickstoff.

Hohes Nährstoffhaltevermögen

Darunter versteht man die Fähigkeit der Bodenteilchen, Nährstoffe festzuhalten, damit sie nicht durch Gieß- und Regenwasser ausgewaschen werden, aber trotzdem pflanzenverfügbar sind.
Ton, insbesondere **Montmorillonit-Ton**, und **Lehm** besitzen in der Regel ein sehr hohes Nährstoffhaltevermögen. Auch bei **Komposten** und bei **Schwarztorf** gilt das Nährstoffadsorptionsvermögen als gut.

Gute Pufferungsfähigkeit und günstiger pH-Wert

Bei Pufferungsfähigkeit spricht man von der Widerstandskraft eines Bodens gegen eine Veränderung der Bodensäure. Diese wird durch den **pH-Wert** ausgedrückt. Als Gradmesser für den Säurezustand eines Bodens gibt er an, ob ein Boden sauer (pH-Werte unter 7), neutral (pH-Wert um 7) oder alkalisch (pH-Werte über 7) reagiert. Verfügbarkeit und Aufnahme der Nährstoffe durch Pflanzen sind in der Regel von der Säurereaktion der Erde abhängig. So ist z. B. Eisen für die Pflanzen nur in leicht sauren und sauren Substraten verfügbar. Bei hohen pH-Werten kommt es zu sogenannten Eisenchlorosen (siehe Seite 115).
Die meisten Pflanzen lieben leicht saure Substrate mit einem pH-Wert von 5,5 bis 6,5. Bei hartem Gießwasser mit über 25 °dGH (deutsche Gesamthärte) kann der pH-Wert im Sommer jedoch nach oben steigen, sodass die Erde alkalischer wird – was nicht alle Balkonpflanzen gut vertragen.
Für Pflanzen, die gegen Eisenchlorosen empfindlich sind, eignen sich auch sogenannte **Petunien-Erden**. Ihre Zusammensetzung entspricht der guter Pflanzerden, jedoch liegt der pH-Wert mit 4,5 bis 5,0 deutlich tiefer. Sie enthalten auch eine Eisendünger-Bevorratung. So steht dieses Spurenelement den Pflanzen während des Sommers auch bei ansteigendem pH-Wert ausreichend zur Verfügung.

Eine gute Pflanzerde besitzt
- ein hohes Porenvolumen,
- eine große Speicher- und Pufferkraft,
- einen leicht sauren pH-Wert
- ist frei von Krankheitskeimen, tierischen Schädlingen und Unkrautsamen.

MEIN RAT

Ein Lesen der Packungsaufschrift oder Nachfragen bzgl. der Zusammensetzung des Substrates lohnt sich: nicht jede Fertigerde, insbesondere Billigangebote aus Supermärkten und Baumärkten, garantiert den erwünschten Blütenzauber auf dem Balkon.

Düngung

Eine ausreichende und gleichmäßige Nährstoffversorgung über das Sommerhalbjahr ist ausschlaggebend für Gesundheit, Wachstum und Blütenreichtum der Balkonblumen. In dem sehr beschränkten Substratvolumen eines Balkonkastens, einer Ampel oder eines Gefäßes sind die mit der Pflanzerde beigefügten Nährstoffe schnell von den Pflanzen verbraucht. Vier bis fünf Wochen nach der Pflanzung sind die mineralischen Düngervorräte erschöpft, die Pflanze beginnt zu hungern. Nun ist die Entwicklung eines harmonischen Düngeplans angebracht: Für Wachstum und Blütenreichtum sind mineralische Stoffe lebenswichtig. Dies sind insbesondere die **Hauptnährstoffe** wie Stickstoff, Phosphor, Kalium, Calcium und Magnesium in größeren Konzentrationen, weiterhin **Spurenelemente** wie Eisen, Mangan, Kupfer, Bor, Zink, Molybdän u. a. Mangelsymptome und Wachstumsrückgang treten bereits dann auf, wenn die Versorgung mit einem einzigen dieser Nährstoffe unzureichend ist! Jedoch reagieren Pflanzen nicht nur auf Unterversorgung mit Schadsymptomen, sondern auch auf Überversorgung. Dies kann im schlimmsten Fall bei einer zu hohen Düngesalzkonzentration und in Verbindung mit Substrattrockenheit zu **Verbrennungsschäden** führen.

Eine Überdüngung mit Stickstoff bewirkt die Entwicklung mastiger, weicher Pflanzen mit einem hohen Grünanteil und weniger Blüten – ein Schlaraffenland für Blattläuse.

Düngerarten

Die Palette der im Handel befindlichen Düngemittel ist recht umfangreich: So werden **Mineraldünger** in Form von Mehrnährstoffdüngern als Granulat (z. B. Nitrophoska) oder als Flüssig-

Im Fachhandel wird eine große Palette leicht anzuwendender Düngerformen angeboten.

dünger angeboten, weiterhin langsam wirkende **Depotdünger** zur Langzeitdüngung und **organische** oder **organisch-mineralische Dünger**. Hinzu kommen noch **Mikronährstoffdünger** zur Behebung von Spurenelement-Mangelsymptomen, z. B. Eisendünger.
Mineraldünger zur Flüssigdüngung haben den Vorteil, dass sie sehr schnell wirken und sich einfach anwenden lassen. Sie sind für Balkonbepflanzungen besonders zu empfehlen.

Dünger richtig dosieren

Einen guten Mineraldünger erkennt man daran, dass seine Inhaltsstoffe, insbesondere die Hauptnährstoffe NPK (Stickstoff, Phosphor und Kalium), auf der Packung angegeben sind und in einer hohen Konzentration vorliegen, z. B. 15 % N, 11 % P und 15 % K (häufig angegeben mit NPK = 15-11-15). Granulierte Mineraldünger zur Flüssigdüngung müssen dazu unbedingt vorher in Wasser aufgelöst werden.
Die meisten Pflanzen entwickeln sich sehr gut bei Düngergaben von 0,2 % ein- bis zweimal je Woche. Hierfür löst man 2 ml bzw. 2 g eines Mineraldüngers (NPK entspricht 15-11-15) in 1 l Wasser auf und gießt die Pflanzen durchdringend, bis Wasser aus dem Gefäß austritt.

Langzeitdünger

Eine bequeme Form der Düngung ist die Verwendung von Langzeitdüngern, **insbesondere bei automatischen Bewässerungssystemen.** Sie werden mit unterschiedlicher Wirkungsdauer angeboten (z. B. 3–4 Monate, 5–6 Monate und 8–9 Monate). Hierbei mischt man der Pflanzerde 3–6 g von einem Depotdünger pro l Substrat bei. Die Nährstoffe sind hier von einer Dosierhülle umgeben und werden je nach deren Durchlässigkeit und in Abhängigkeit von der Bodentemperatur freigegeben. Je höher die Bodentemperatur, desto schneller werden die Nährstoffe freigesetzt.
Hier gibt es jedoch einen kleinen Haken: Die auf der Packung angegebene Wirkungsdauer ist auf eine Bodentemperatur von 20 °C bezogen. In Blumenkästen und -gefäßen messen wir jedoch im Hochsommer nicht selten 30 bis 37 °C. Unter Umständen ist somit ein 4-Monats-Dünger nach drei Monaten erschöpft. Dann muss nachgedüngt werden.
Falls die Düngung der Balkonblumen über den ganzen Sommer hinweg mit Langzeitdünger erfolgen soll, empfehlen sich 8- bis 9-Monatsformen. Auch dann, wenn der Blütenflor eigentlich nur für 5–6 Monate gedacht ist. Nur über die Langzeitformulierung von über 8 Monaten ist gewährleistet, dass auch nach einem heißen Sommer der Langzeitdünger nicht komplett in Lösung gegangen ist und den Pflanzen noch ausreichend Nährstoffe für die Spätsommerblüte zur Verfügung stehen. Das Einbringen von Langzeitdünger durch leichtes Einarbeiten in die Erde ist auch nachträglich möglich.

MEIN RAT

Das häufigste Problem bei Spurenelementen ist ein Eisenmangel, der jedoch mit einem speziellen **Eisendünger** (Sequestren, Optifer, Fetrilon u. a.) in kürzester Zeit aufgehoben werden kann.

Balkonpflanzen richtig pflegen

Die Pflege von Pflanzen hat eine ganz besondere Wirkung: Sie verlangsamt unseren hektischen Lebensrhythmus und lässt uns zur Ruhe kommen.

Nach der Pflanzung

Die ersten zwei Wochen nach der Pflanzung nur sehr behutsam gießen. Dadurch zwingt man die Pflanzenwurzeln, nach Wasser und Nährstoffen zu suchen, und kurbelt somit indirekt das Wurzelwachstum an. Grundsätzlich sollte man sich immer vor Augen halten, dass ein gesundes Wurzelwerk ausschlaggebend für das gesamte Wachstum der Pflanze ist. Weiterhin gilt es, die Pflanzen zu akklimatisieren und möglichst vor direkter Sonne, austrocknenden Winden und sehr kühlen Nachttemperaturen zu schützen. Ideal für die Bepflanzung und das erste Aufstellen von Balkonkästen sind wärmere, jedoch bewölkte Tage im Mai. Pralles Sonnenlicht kann dagegen aufgrund des hohen UV-Anteils bei jungen Pflanzen aus der Gewächshausanzucht zu erheblichen Sonnenbrandschäden führen. Betroffen sind insbesondere Arten, die einen halbschattigen Standort bevorzugen, z. B. Begonien, Fleißige Lieschen, Vanilleblumen u. a. Mit der Zeit können sich die meisten Pflanzen jedoch hervorragend an intensive Sonneneinstrahlung anpassen.

Fruchtansatz bei Fuchsien entfernen, er unterdrückt die Bildung neuer Blüten. Aus den an Kirschen bis Wacholderbeeren erinnernden Früchten lässt sich sogar selbst gemachte Marmelade zaubern.

Richtiges Gießen

Hierfür sollte man sich ein bisschen Zeit für einen täglichen Kontrollgang einrichten. Es gibt keine allgemeingültigen Regeln zur Gießhäufigkeit. Der Wasserbedarf ist pflanzenindividuell und wird beeinflusst von Temperatur, Luftbewegung (Wind), Sonneneinstrahlung, Menge und Qualität der Pflanzerde. Ein kurzzeitiges Abtrocknen der Erde schadet nicht, sondern regt vielmehr die Bildung neuer Wurzeln an, die sich bei Trockenheit gut mit Sauerstoff versorgen können. Löst sich die Erde jedoch bereits vom Gefäßrand und schrumpft zusammen, so ist es höchste Zeit zu gießen.

Empfehlenswert sind Wassergaben am Morgen

und in den frühen Abendstunden. Das Laub sollte vor Einbruch der Nacht wieder trocken sein. Bei Sonneneinstrahlung möglichst nicht die Blätter und Blüten benetzen; denn die Wassertropfen wirken wie kleine Brenngläser. Auch bei Niederschlägen die Balkonblumen kontrollieren: Mitunter ist das Laubdach der Pflanzen bereits so dicht, dass die Regentropfen kaum bis zur Erde durchdringen und somit trotz Regenwetter ein Gießen angebracht ist.

Die beste **Wasserqualität** ist natürlich unbelastetes Regenwasser. Wer jedoch nur auf sehr kalkhaltiges Leitungswasser zurückgreifen kann, muss mit einer Erhöhung des pH-Wertes in der Erde während des Sommers und damit verbundenen Eisenmangelsymptomen (Chlorose) bei empfindlichen Arten (z. B. Petunien, Zauberglöckchen, Schneeflockenblumen, Blaue Gänseblümchen u. a.) rechnen. Dagegen muss man dann mit Eisendünger vorgehen.

Ausputzen und Rückschnitt

Abgeblühte Blütenstände wirken wenig attraktiv, sodass man sie gerne entfernt. Hinzu kommt, dass gefüllte Blüten bei anhaltender Feuchte zur Fäulnis neigen. Eine Reihe von Pflanzen setzen außerdem nach der Blüte Samen und Früchte (z. B. Fuchsien, Wandelröschen) an. Ein regelmäßiges Entfernen der Samenstände und Früchte lohnt sich: Die energieaufwendige Produktion von Saatgut geht sonst auf Kosten des Pflanzenwachstums und der Blütenfülle. Entfernt man dagegen die Blüten gleich nach dem Abblühen, wird dadurch die Bildung neuer Blüten angeregt. Werden die Pflanzentriebe an den Spitzen dünn, fallen unansehnlich auseinander und setzen kleine Samen an, so ist ein kräftiger Rückschnitt um ein Drittel bis zur Hälfte der Pflanzen empfehlenswert. Innerhalb von zwei bis vier Wochen baut sich ein neuer, kräftiger Blütenflor auf (z. B. bei Elfenspiegel, Elfensporn, Feuerball, Goldzweizahn, Strauchmargeriten, Lobelien). Bei einem Rückschnitt vor dem Sommerurlaub präsentiert sich bei der Rückkehr ein reiches Blütenmeer auf dem Balkon.

Viele Balkonpflanzen sind besonders pflegeleicht, weil sie sich selbst reinigen: welke Blütenblätter fallen ab und nackte Blütenstände bleiben stehen. In Mehrfamilienhäusern können abgeblühte Blütenblätter auf anderen Balkonen jedoch zu Unstimmigkeiten führen. In diesem Fall sollte man auf selbstreinigende Sorten verzichten und die Blumen regelmäßig durchputzen.

Durch ein regelmäßiges und gründliches Ausputzen abgeblühter und verwelkter Pflanzenteile wird die Ausbreitung von Krankheiten verhindert und für einen kontinuierlichen Blütenflor gesorgt.

Krankheiten und Schädlinge

Nicht selten wird die sonst ungetrübte Freude über den Blütenzauber auf Balkonia durch das Auftreten von Krankheiten und Schädlingen empfindlich gestört. Vorbeugende Maßnahmen können mitunter den Griff zur chemischen Keule ersparen. Entscheidend für das Auftreten von Krankheiten bzw. Schädlingen ist neben der grundsätzlichen Anfälligkeit der Pflanzen (siehe Angaben in den Porträts Seite 41 ff.) eine gute Kondition der Pflanze. Durch schlechte Wachstumsbedingungen gestresste Pflanzen – verursacht z. B. durch Staunässe, Trockenheit, Unter- wie auch Überversorgung mit Nährstoffen, Lichtmangel und Verletzungen – sind besonders anfällig für Krankheiten und Schädlinge. Eine gründliche Reinigung der Pflanzgefäße, der Kauf gesunder, wüchsiger Pflanzen aus dem Fachhandel und die Verwendung keimfreier Erde bieten beste Ausgangsvoraussetzungen. Wichtig ist natürlich auch die für den jeweiligen Standort passende Auswahl der Arten.

Neuerdings wird immer häufiger eine vorbeugende Behandlung mit sogenannten **Pflanzenstärkungsmitteln** diskutiert. Diese basieren auf Algen-, Kräuterextrakten oder ätherischen Ölen und sollen eine wachstumsstimulierende und krankheitsvorbeugende Wirkung aufweisen. Beim Auftreten erster Befallsherde von pilzlichen und tierischen Schädlingen empfiehlt es sich, die von Pilzen betroffenen Pflanzenteile herauszuschneiden bzw. Schädlinge entsprechend abzusammeln oder abzuspritzen.

Anhaltende Staunässe lässt die Zauberglöckchen-Sorten 'Cherry' und 'Terracotta' schnell zusammenbrechen.

Nützlinge auf dem Balkon?

Der Einsatz von Nützlingen gegen tierische Schädlinge eignet sich nur bedingt, da die Nutzinsekten, anders als im Gewächshaus, gerne das Weite und attraktivere Futterplätze suchen. Der Einsatz von chemischen Pflanzenschutzmitteln ist aufgrund der umstrittenen Toxizität sowohl für den Anwender als auch für die Pflanze und die darauf befindlichen Nutzinsekten immer der letzte Ausweg.

In jedem Fall ist vor der Ausbringung eines Pflanzenschutzmittels eine gründliche Beratung durch geschulte Fachleute anzuraten. Ziel sollte es sein, nur allein den Schadorganismus bzw. Schädling zu treffen und bevorzugt biologische

Pflanzenschutzmittel einzusetzen. Ein gewisser kriminalistischer Spürsinn und ein geschultes Auge für eine Diagnose von Krankheiten und Schädlingen können dabei sehr von Vorteil sein. Zur Unterstützung sollen dazu die nachfolgenden Steckbriefe der wichtigsten Krankheiten und Schädlinge bei Balkonpflanzen dienen.

Wachstumsstörungen der Pflanzen

Nichtparasitäre Krankheiten sind auf physiologische Störungen in der Pflanze zurückzuführen und durch optimale Kulturbedingungen zu beheben.

Welkesymptome, vertrocknete Pflanzenteile

Bedingt durch Trockenheit oder auch durch Wasserüberschuss verursachte Staunässe. Bei anhaltender Nässe sterben aufgrund von Sauerstoffmangel die Wurzeln ab: Sie werden braun, faulig und können ihre Funktion nicht mehr erfüllen. Gesunde, wüchsige Pflanzen besitzen ein feines, weißes Wurzelwerk.

Kümmerwuchs, Blattrandchlorosen und -nekrosen

Diese beginnen meist an älteren und mittleren Pflanzenteilen und sind häufig auf Nährstoffunterversorgung zurückzuführen. Sind jedoch hohe Düngegaben vorweggegangen, kann auch ein zu hoher Salzgehalt im Substrat vorliegen.

Gelbsucht (Chlorose)

Gelbliche Blattaufhellungen vor allem an den jüngeren Pflanzenteilen, die Blattadern sind anfangs noch grün. Beruht meist auf Eisenmangel, gelegentlich auch auf Mangan- oder Magnesiummangel. Ursache hierfür ist meist ein Anstieg des pH-Wertes im Substrat (siehe Seite 109) und eine hohe Sensibilität der Pflanzen dafür. Schnelle Abhilfe bewirken Eisen- und Spurenelementdünger. Bei kalkhaltigem Gießwasser vorbeugend saure Erden (z. B. Petunien-Erde) verwenden.

Eine Gelb- und Rotfärbung kann jedoch auch auf einen durch Kälte ausgelösten Abbau des Blattgrüns zurückzuführen sein.

Korkwucherungen

Auf der Blattunterseite entstehen bräunliche, korkartige Schwielen, häufig bei hängenden Geranien: zurückzuführen auf starke Schwankungen bei der Wasserversorgung, zu hohe Wassergaben und auf hohe Luftfeuchte.

Eisenchlorose kann mit einem speziellen Eisendünger schnell behoben werden.

Korkwucherungen können jedoch auch Folgeschäden nach einen Befall mit Thripsen, Spinn- und Weichhautmilben sein.

Viren, Mykoplasmen und Bakterien

Viren und Mykoplasmen gehören zu den kleinsten Krankheitserregern und sind nur im Elektronenmikroskop sichtbar. Ihre Symptome bei Pflanzen können sehr vielfältig sein: von typischen Blattverfärbungen wie Mosaik-, Ring- und Bandmustern bis hin zu Verkrüppelungen und Stauchesymptomen. Mitunter sind bei guter Ernährung im Sommer die Symptome »maskiert«, d. h. nicht erkennbar. Vielfach werden Viren durch tierische Schädlinge, wie Thripse und Blattläuse, aber auch mechanisch durch Verletzungen übertragen.

Bakterien verursachen meist Welke, ölige Blattflecken und zuletzt Nass- und Weichfäule. Aufgrund strengster Hygienevorschriften in Vermehrungsbetrieben sind Virosen, Mykoplasmosen und Bakteriosen selten. Eine genaue Diagnose kann meist nur ein Spezialist stellen. Eine Bekämpfung ist nicht möglich, kranke Pflanzen müssen in den Müll (nicht auf den Kompost!).

Pilzkrankheiten

Wurzel- und Stängelgrundfäulen (durch verschiedene Bodenpilze)
Die Blätter werden meist fahlgrün und stumpf; die Pflanzen schlappen um die Mittagszeit, später kommt es zu Welke und dann zur Vergilbung.
Stauende Nässe, Sauerstoffmangel im Boden und ein »kalter Fuß« begünstigen bei allen Pflanzen den Befall. Auf guten Wasserablauf in Balkonkästen und Pflanzgefäßen achten!

Grauschimmel *(Botrytis cinerea)*
Insbesondere bei feuchtwarmer Witterung und an dunklen Stellen können auf allen Pflanzenteilen braune Faulstellen entstehen. Bei hoher Luftfeuchtigkeit entwickelt sich anschließend ein grauer Sporenrasen. *Botrytis* ist ein Schwächepilz und tritt besonders bei schwachen und beschädigten Pflanzen auf. Auch übermäßige Stickstoffdüngung fördert den Befall. Zur Keimung benötigen die Pilzsporen einen mehrstündigen Wasserfilm. Pflanzen deshalb möglichst nicht »über den Kopf« gießen. Regelmäßig alte und kranke Pflanzenteile entfernen und im Bestand durch Ausputzen eine gute Luftzirkula-

Meist sind solche Korkwucherungen bei Hängegeranien nur auf übermäßige Wassergaben zurückzuführen.

tion ermöglichen. Pflanzen nach dem Gießen nicht nass in die Nacht gehen lassen (zeitig gießen!).

Falscher Mehltau

Blattoberseits entstehen bleiche bis braune Stellen, blattunterseits ein schmutzig weißer Sporenbelag. Auch Blüten und Stängelteile können befallen werden. Stark erkrankte Pflanzenteile vertrocknen und sterben ab. Hohe Luftfeuchtigkeit und eine schlechte Luftzirkulation bei sehr dichten Pflanzenbeständen begünstigen die Ausbreitung des Pilzes.

Kranke Pflanzenteile umgehend entfernen, da sich der Pilz im Gewebe der Pflanze ausbreitet. Möglichst nicht von oben gießen.

Besonders gefährdet sind Fleißige Lieschen. Ein Befall mit diesem Pilz führt zum kompletten Verkahlen und zu irreversiblen Schäden.

Echter Mehltau

Auf den Blattober- und -unterseiten und an Blattstielen entsteht ein mehlig weißer Belag. Mitunter können auch die Blüten befallen werden. Im Gegensatz zum Falschen Mehltau ist der weiße Pilzbelag abwischbar. Unter dem Belag ist das Gewebe braun verfärbt. Der Pilz tritt besonders gerne nach Regenperioden auf oder wenn z. B. im Spätsommer und Herbst nach hohen Tagtemperaturen die ersten sehr kühlen Nächte folgen.

Besonders gefährdet sind Begonien, Verbenen und Dahlien. Inzwischen gibt es jedoch schon eine Reihe resistenter und toleranter Sorten.

Vorbeugend können bei empfindlichen Pflanzen lecithinhaltige Pflanzenschutzmittel (z. B. Bio Blatt Mehltaumittel) in einwöchigem Abstand eingesetzt werden. Eine gute Wirkung gegen Echten Mehltau zeigt eine selbst gemischte

Grauschimmel entsteht oft nach langen Regenperioden und bei sehr dichtem Pflanzenbestand.

Im Spätherbst reagieren manche Knollenbegonien-Sorten sehr empfindlich auf einen Befall mit Echtem Mehltau.

Spritzbrühe aus Rapsöl (z. B. Schädlingsfrei Naturen) mit Backpulver: Für 5 l Spritzbrühe 3 Päckchen Backpulver und 50 ml Naturen mit Wasser mischen und damit die erkrankten Pflanzen spritzen.

Tierische Schädlinge

Blattläuse

Blattläuse befallen Blätter, Triebspitzen und Blüten. Durch ihre Saugtätigkeit verursachen sie verkrüppelte und verfärbte Blätter, die später vergilben. Ihre zuckerhaltigen, klebrigen Ausscheidungen (Honigtau) führen zur Ansiedlung von Rußtaupilzen und zur Verschmutzung der Blätter und locken Ameisen an.

Bei Befallsbeginn empfiehlt es sich, die befallenen Pflanzenteile abzuschneiden. Meist reicht eine Behandlung mit seifenähnlichen Mitteln aus. Diese dringen in den Insektenkörper ein und verhindern die Atmung, sodass die Schädlinge schnell absterben.

Weiße Fliege (Mottenschildlaus)

Ein Befall mit Weißer Fliege ist leicht festzustellen: Die 2 mm großen Insekten mit weißen Flügeln sitzen an den Blattunterseiten und fliegen bei Berührung der Pflanzen sofort auf. Durch ihre Saugtätigkeit entziehen sie und ihre ungeflügelten, hellgelben Larven den Pflanzen Zellsaft und führen zur Vergilbung der Blätter. Sie fördern durch die Ausscheidung von Honigtau die Ansiedlung von Rußtau- und Schwärzepilzen.

Die ersten Insekten können noch gut mit sogenannten **Gelbtafeln** und **Gelbstickern** abge-

Die jungen, noch weichen Austriebe von Balkonblumen sind die bevorzugten Saugstellen der Blattläuse.

Weiße Fliegen findet man bevorzugt auf Wandelröschen und bei Balkongemüse wie Tomaten.

fangen werden. Eine gute Wirksamkeit haben Präparate auf Kaliseifenbasis.

Spinnmilben (Rote Spinne)

Auf den Blättern entstehen weiß-gelbe Sprenkelungen, die später zu flächigen Aufhellungen werden. Zuletzt vertrocknen die Blätter. Die etwa 0,5 mm großen Milben leben blattunterseits, meist im Schutz zarter Gespinste. Diese werden jedoch erst bei starkem Befall sichtbar. Spinnmilben treten besonders gerne bei trockener und warmer Witterung auf.
Bei leichtem Befall hilft ein gründliches Abbrausen der Blätter, insbesondere der Blattunterseiten. Stärker befallene Blätter sind zu entfernen. Zur chemischen Bekämpfung eignen sich Präparate auf der Basis von Kaliumsalzen und Mineralölen, die die Atmungsorgane verstopfen.

Minierfliegen

Das typische Schadbild von Minierfliegen sind helle, geschlängelte Gangminen in Blättern, die durch die Fressaktivität der Raupen verursacht werden. Die 2–3 mm großen Fliegen legen ihre Eier in die Oberhaut der Blätter. Später schlüpfen daraus die gefräßigen Raupen. Befallene Blätter rechtzeitig abschneiden, bevor sich Puppen entwickeln und in die Erde fallen.

Raupen (Insektenlarven)

An Blättern und Trieben ist Lochfraß zu erkennen, häufig sind die Pflanzen auch durch kleine, schwarze Kotkügelchen verschmutzt. Meist ist das Absammeln der Raupen ausreichend. Die Raupen sind jedoch häufig nur nachtaktiv. Daher lohnt sich eine gründliche abendliche Inspektion des Balkons mit einer Taschenlampe.

Hohe Temperaturen und trockene Luft begünstigen den Befall mit Spinnmilben.

Blätter mit solchen Miniergängen unbedingt entfernen und nicht kompostieren.

Überwinterung

Für einen Teil der mehrjährigen Balkonpflanzen, insbesondere bei den in einzelnen Gefäßen kultivierten Solitärpflanzen, ist eine Überwinterung durchaus lohnenswert. Bei guter Pflege entwickeln sich die Pflanzen im Folgejahr wieder kräftig und buschig und blühen reichlich.

Auswahl des Winterquartiers

Der ideale Winterstandort ist hell, kühl bei 5 bis 10 °C und luftig. Diese Anforderungen sind am besten in einem temperierten Wintergarten oder in einem Gewächshaus zu erfüllen. Da die meisten Pflanzenliebhaber damit nicht aufwarten können, bieten viele Fachgärtnereien einen Überwinterungsservice an.

Wer jedoch seine Pflanzen selbst überwintern möchte, sollte als Quartier helle Kellerräume, Garagen, Treppenhäuser oder ungeheizte Wohnräume in Betracht ziehen. Auf keinen Fall sind zur Überwinterung warme, dunkle Orte geeignet.

Einräumen

Die Pflanzen nicht zu früh einräumen. Ein langer Aufenthalt im Winterquartier schwächt die Pflanzen immer. Beim Einräumen die Pflanzen gründlich auf Krankheiten und Schädlinge kontrollieren. Auf keinen Fall kranke Pflanzen überwintern, sie bilden einen Infektionsherd für alle benachbarten Pflanzen im Winterquartier! Anschließend die Pflanzen um ein Drittel zurückschneiden und alte, welke Blätter und Triebe entfernen.

Pflegemaßnahmen im Winterquartier

Während der Ruhephase ist nur ein gelegentlicher Kontrollgang notwendig. Dabei wird der Gesundheitszustand der Pflanzen kontrolliert und werden kranke oder alte Pflanzenteile entfernt.

Während der Winterruhe benötigen die Pflanzen nur sehr wenig Wasser. Die Erde sollte rela-

Kühle und helle Räume sind ideal für die Überwinterung von Balkonblumen.

tiv trocken sein, jedoch darf der Wurzelballen nicht ganz austrocknen und sich von der Gefäßwand ablösen. In zu nassen, schlecht durchlüfteten Erden entwickeln sich sonst Schimmel- und Fäulnispilze.

Nicht ganz einfach ist es, eine gleichbleibende Temperatur beizubehalten. Hohe Sonneneinstrahlung lässt in geschlossenen Räumen die Temperatur rapide steigen und regt die Pflanzen zu einem Neuaustrieb an. Folgen dann wieder kühle und dunklere Tage, vergeilen die jungen Austriebe und verkümmern. Bei einer drohenden Überwärmung des Raumes deshalb rechtzeitig lüften! Gleichzeitig sinkt dadurch die hohe Luftfeuchtigkeit und damit auch die Infektionsgefahr durch pilzliche Erreger.

Abhärten – Fitmachen für den Sommer

Anfang März, bei steigenden Temperaturen und mit zunehmender Lichtintensität, beginnen die Pflanzen langsam auszutreiben. Jetzt ist es an der Zeit, die Pflanzen umzutopfen, eventuell mit einem Schnitt in die richtige Form zu bringen und verstärkt zu wässern. Die Temperatur sollte aber nur sehr langsam und behutsam steigen, sonst entstehen nur lange, helle und hässliche Neutriebe.

Mit der Frühjahrssonne erwachen leider auch überwinterte Schädlinge wie Blattläuse, Spinnmilben und Weiße Fliegen, die auf den jungen Austrieben der Pflanzen natürlich paradiesische Zustände vorfinden. Warme und trockene Luft in geschlossenen Räumen fördert deren rasante Entwicklung. Regelmäßige Kontrollen auf Schädlinge, häufiges Lüften, gute Luftzirkulation durch

MEIN RAT

Vorbereitende Maßnahmen zur Überwinterung

Die Pflanzen dürfen im Spätherbst nur mehr behutsam gegossen werden. Ein nasser Wurzelballen trocknet im kühlen Winterquartier nur langsam ab, dann drohen Fäulnisherde und Infektionen mit schädlichen Bodenpilzen.

Auseinanderrücken der Pflanzen und niedrige Temperaturen bis zum Ausräumen fördern einen gesunden und stabilen Wuchs.

Ausräumen

Ab Anfang Mai – je nach Kältetoleranz – können die überwinterten Pflanzen ausgeräumt werden. Ideal sind milde, trübe Tage und ein vorübergehendes Aufstellen an einem geschützten, schattigen Standort. Den Pflanzen sollte man jedoch ein wenig Zeit lassen, sich zu akklimatisieren. Nach etwa 10–14 Tagen können sie dann an ihren endgültigen Standort gerückt werden. Jetzt sollte man von einem weiteren Rückschnitt absehen, weil viele Kübelpflanzen bereits Blütenknospen angelegt haben. Stutzt man die Pflanzen nochmals in Form, kommt es zu einer verspäteten Sommerblüte oder die Blüte fällt gänzlich aus. Ein Beispiel hierfür ist *Solanum jasminoides*, der Kartoffelwein. Auch fällt oft die Blütenpracht von einem überwinterten Enzianstrauch (*Lycianthes rantonnetii*) wesentlich bescheidener aus als die beim Fachgärtner angebotenen Pflanzen.

Adressen, die Ihnen weiterhelfen

Pflanzen

Das gängige Sortiment an Balkonpflanzen erhalten Sie in allen guten Fachgärtnereien und Gartencentern.

Einzelhandelsgärtnereien

Internet-Auftritt der Gärtnereien im Bundesverband Einzelhandelsgärtner unter www.ihre-gaertnerei.de

Raritätengärtnereien:

Fuchsienspezialkulturen
Heinrich Breukmann
Leinschede 22
58840 Plettenberg

Fuchsienkulturen
Rudolf und Klara Baum
Scheffelrain 1
71229 Leonberg
Tel.: 0 71 52 / 2 75 58

Gartenbau Stegmeier
Unteres Dorf 7
73457 Essingen
Tel.: 0 73 65 / 2 30
www.pelargonien-stegmeier.de
(Duft- und Wildpelargonien, Kübelpflanzen)

Syringa Versand
Postfach 1147
78245 Hilzingen
Tel.: 0 77 39 / 14 52
www.syringa-samen.de
(Duftpflanzen, Duftkräuter)

Raritätengärtnerei Familie Treml
Eckerstraße 32
93471 Arnbruck
Tel.: 0 94 45 / 90 51 00
www.pflanzentreml.de
(Kräuter, Duftpflanzen, besondere Gemüsearten, Kletterpflanzen, Subtropenpflanzen)

Klettergerüste und Begrünungssysteme

Classic Garden Elements
Goethestraße 27
65719 Hofheim
Tel.: 0 61 92 / 90 04 75
(Klettergerüste)

BellArte
Thomas Gröner
Hessigheimer Str. 12
74354 Besigheim
Tel.: 0 71 43 / 8 06 80
(Klettergerüste)

Wolfgang Matt
Leudelstraße 34
74382 Neckarwestheim
Tel.: 0 71 33 / 1 54 77
(Klettergerüste)

Rainer Seemann
In der Lieste 5
77656 Offenburg
Tel.: 07 81 / 9 90 53 44
(Klettergerüste)

Thomas Brandmeier
Begrünungssysteme GmbH
Möndenweg 60
79594 Inzlingen
Tel.: 0 76 21 / 4 84 24

Carl Stahl GmbH
Daglfinger Straße 67/69
81929 München
Tel.: 0 89 / 93 94 45-0
(Green Cable Fassadenbegrünungssysteme)

Bewässerungssysteme

ARKADIA – das grüne Zentrum
Siegfried Müller e. K.
Am Alten Friedhof 5
31275 Lehrte-Arpke
www.blueman.de
Blueman Blumenkasten

Technoplant
Kunststofftechnik GmbH
Am Kappe 45
49406 Barnstorf
Tel.: 0 54 42 / 30 04
(automatisch befüllbarer Balkonkasten mit integriertem Wasserspeicher)

Floracare Kunststoff Rotation
Willi Goebel GmbH
Industriestr. 4
59929 Brilon
Tel.: 0 29 61 / 97 79 28
(Gärtner-Kombikasten)

ADRESSEN, DIE IHNEN WEITERHELFEN | 123

Weninger GmbH & Co KG
Hag 7
A-6410 Telfs
www.blumat.at
(Tropf-Blumat-System)

Ing. G. Beckmann KG
Simoniusstr. 10
88239 Wangen/Allgäu
(System Beta 8)
www.beckmann-kg.de

Gardena GmbH
Hans-Lorenser-Str. 40
89079 Ulm
www.gardena.de

geobra Brandstätter GmbH & Co. KG
LECHUZA
Brandstätterstr. 2–10
90513 Zirndorf
www.lechuza.com

Informationen

Beratungsstellen für den Freizeitgartenbau:

www.gartenakademien.de

Sächsische Landesanstalt für Landwirtschaft,
Sächsische Gartenakademie
Söbrigener Str. 3 a
01326 Dresden
Tel.: 03 51/8 53 04-0
gabriele.jacob@pillnitz.lfl.smul.sachsen.de

Lenné-Akademie für Gartenbau
Geschäftsstelle: Referat Gartenbau des Landesamtes für Verbraucherschutz und Landwirtschaft
14979 Großbeeren
Theodor-Echtermeyer-Weg 1
Tel.: 0 33 70/15 27 11
www.lenne-akademie.de

Hessische Gartenakademie
Brentanostraße 9
65366 Geisenheim
Tel.: 0 67 22/50 28 61
www.llh-hessen.de/gartenbau/freizeitgartenbau/hess-garten-akademie/index.php

Lehr- und Versuchsanstalt für Gartenbau
Informationszentrum
Garten & Pflanze
Gartenstraße 11
50765 Köln-Auweiler
Tel.: 02 21/5 34 02 60
www.lvg-auweiler.de

Landesanstalt für Pflanzenbau und Pflanzenschutz
Gartenakademie Rheinland-Pfalz
Essenheimer-Str. 144
55128 Mainz
Tel.: 0 61 31/99 30-0
www.gartenakademie.rlp.de/

Hessische Gartenakademie
Wiesbaden
Am Kloster Klarenthal 7 a
65195 Wiesbaden
Tel.: 06 11/9 46 81-17
www.gartenbauberatung.de

Landwirtschaftskammer für das Saarland
Saarländische Gartenakademie
Lessingstr. 12
66121 Saarbrücken
Tel.: 06 81/6 65 05-37
www.lwk-saar.saarland.de

Bayerische Landesanstalt für Weinbau und Gartenbau
Bayerische Gartenakademie
Postfach 1140
97205 Veitshöchheim
Tel.: 09 31/98 01-142
www.stmelf.bayern.de/garten

BH WienerNeustadt, Amt der NÖ Landesregierung
Abteilung Umweltkoordination
Ungargasse 33
A 2700 WienerNeustadt
Tel.: (A) 0 26 22/31 86 08
peter.santner@noer.gv.at

Liebhabergesellschaften

Deutsche Dahlien-, Fuchsien- und Gladiolen-Gesellschaften
Maasstr. 153
47608 Geldern
Tel.: 0 28 31/99 36 21
www.ddfgg.de

Deutsche Fuchsien-Gesellschaft
Renate Ripke
Linnenkämper Str. 10
37627 Stadtoldendorf
Tel.: 0 91 28/7 99-2
www.deutsche-fuchsien-ges.de

Stichwortverzeichnis

Seitenzahlen mit * verweisen auf Abbildungen

Agastache mexicana 88
A. mexicana 'Acapulco Orange' 88*, 89
Ampel-Duftsteinrich 72*
Ampeln 24*, 101
Anagallis monellii 61*
Anagallis tenella 61*
Antirrhinum majus 63*
Argyanthemum frutescens 'Sommer Melody' 41*
Asarina barclaiana 93*
A. scandens 93
Asteriscus 'Gold Coin' 64*
Asteriscus maritimus 64
Australische Fächerblume 14
Australisches Gänseblümchen 64, 65*
Australisches Goldknöpfchen 71
Australisches Goldknöpfchen 'Baby Gold' 71*
Aztekengold 11*, 14, 56*

Balkonerden 108
Balkonkasten mit Wasserspeicher 103
Begonia boliviensis 42
Begonia 'Tenella' 42*
Begonia-Tuberhybrida-Gruppe 42
Beipflanzen 17
Bewässerung, automatische 103 ff.*
Bidens ferulifolia 'Peters Goldteppich' 43*
Blattläuse 118
Blattrandchlorosen 115
Blattschmuckpflanzen 40, 82
Blaue Fächerblume 57*
Blaue Mauritius 67*
Blaumäulchen 80, 81*
Blumenampeln 24*, 101
Blütenpflanzen 8
Botrytis cinerea 116, 117*
Brachyscome multifida 64
B. iberidifolia 65
B. melanocarpa 65
Bracteanthea bracteatum 66*
Bunter Zitronenthymian 92
Buntnessel 87

Calamintha grandiflora 92
Calibrachoa-Sorten 44
Calocephalus brownii 87
Chamaesyce hypericifolia 62
Chlorose 113, 115*
Chrysocephalum apiculatum 71
Cobaea scandens 97
Convolvulus sabatius 67*
Cuphea llavea 68
Cuphea × purpurea 68
Currykraut 92

Depotdünger 111
Diascia-Arten 69
Dichondra repens 82*
Dipladenia 95
Duftpelargonien 90, 91*
Duftpflanzen 8, 29 ff., 40, 88
Duftwicke 97
Dukatentaler 64
Dünger 110 f.

Eccremocarpus scaber 97
Echter Lavendel 92
Edellieschen 47, 48*
Eisenchlorose 115*
Eisendünger 111
Eisenkraut 59
Elfenspiegel 14, 75*
Elfensporn 14, 69
Elfensporn 'Little Charmer' 69*

Farbgestaltung 18–23
Felicia amelloides 70
Flamingoblatt 87
Flammenblume 78
Fleißiges Lieschen 48 f.
Fleißiges Lieschen 'Candy Weiß' 13*
Fleißiges Lieschen 'Fiesta' 49*
Fuchsia triphylla 45*
Fuchsie 45 f.

Gazania 'Morgensonne Gelb' 46*
Gazanie 14, 46
Gefäße 100 f.
Gemüse für den Balkon 32 f.
Geranien 14, 52, 53*
Gießen 112
Girlandenbegonie 42
Girlandenbegonie 'Illumination Apricot' 12*, 42*
Glechoma hederacea 83
Glockenrebe 97
Glockenwinde 93
Gnaphalium microphyllum 87
Goldzweizahn 14, 43*
Grandiflora-Petunien 54
Grauschimmel 116, 117*
Greiskraut 87
Gundermann 83
Gundermann 'Variegata' 83*

Hänge-Löwenmäulchen 63*
Hänge-Rosmarin 89*
Hängegeranie 14, 52, 53*, 54
Hängegeranie 'Candix Lilac' 60*
Hängepetunien 14, 54 f.*
Hängepflanzen 17

Hanging Basket 24, 25*, 26*, 27, 28*, 101
Heiligenkraut 92
Helichrysum bracteatum 66
H. italicum 92
H. petiolare 84*, 87
Heliotropum arborescens 47*
Holzgefäße 101
Hornklee 73 f.

Impatiens walleriana 48 f.
Impatiens-Neuguinea-Gruppe 47
Indianerminze 88
Ipomoea batatas 85, 87
Ipomoea batatas 'Sweet Caroline' 85*
Ipomoea tricolor 94, 97

Jasminblühender Nachtschatten 79 f.

Kanarische Kresse 97
Kapaster 14, 70*
Kapkörbchen 14, 51 f.*
Kapuzinerkresse 97
Kartoffelwein 79 f.
Kaugummipflanze 90
Kiwi-Knöterich 87
Kleines Lakritzkraut 87
Kletterhilfen 36 f.*
Kletterpflanzen 8, 35 ff.*, 40, 93–97*
Knollenbegonie 42
Köcherblümchen 68
Korkwucherungen 115, 116*
Kräuter 32–34
Kümmerwuchs 115
Kunststoffgefäße 100

Lakritzkraut 84*, 87
Lakritzkraut 'Rondello' 12*
Lamium maculatum 87
Langzeitdünger 111
Lantana camara 49 f.
Lantana camara 'Prof. Raoux' 49*

Lantana montevidensis 29*
Lathyrus odoratus 97
Lavandula angustifolia 92
Leinblättriger Gauchheil 61 f.*
Lichtverhältnisse 9 f.
Lobelia erinus 50 f.
Lobelie 50*
Lobularia maritima 72
L. maritima 'Clear Chrystal White' 72*
Lotus 73 f.
L. berthelotii 73 f.*
L. maculatus 73 f.*
Lysimachia nummularia 87

Mandevilla 95
M. 'Sundaville Pretty Red' 95*
Mandeville 95
Männertreu 50 f.*
Mehltau 117*
Mentha suaveolens 92
Mexikanische Duftnessel 88
Mickymaus-Pflanze 68*
Mimulus aurantiacus 74 f.
Mineraldünger 110
Minierfliegen 119
Mottenkönig 87
Muehlenbeckia complexa 87
Multiflora-Petunien 54

Nachtkerze 76*
Nemesia 75
Nemesia strumosa 75
Nützlinge 114

Oenanthe japonica 87
Oenothera 'Lemon Drop' 76*, 77
Oranger Glockenwein 96*
Origanum vulgare 92
Osteospermum ecklonis 51 f.

Pelargonien 9, 52 ff., 87
Pelargonium fragrans 90, 91
P. graveolens 90, 91
P. ionidiflorum 77*, 78
P. odoratissimum 90, 91

P. peltatum 52
P. trifidum 77, 78*
Pelargonium x *hortorum* 52, 86*
Petunien 54 f.
Petunia x *atkinsiana* 54 f.
Petunien-Erde 109
Pfennigkraut 87
Pflanzen kombinieren 16*, 17*
Pflanzen, Standorteignung 9–14
Pflanzenschutz 114 ff.
Pflanzerden 108 f.
Phlox-Hybriden 78
Phlox 'Phoenix Red' 79*
Pilzkrankheiten 116 f.
Plectranthus coleoides 87
Prunkwinde 94, 97
Prunkwinde 'Clarks Himmelblau' 94*

Quamoclit lobata 97

Ranker 36
Raupen 119
Rhodochiton atrosan-guineus 97
Rosenkelch 97
Rosmarinus lavandulaceus 89*
Rote Spinne 118
Rückschnitt 113

Salvia officinalis 87, 92
Santolina chamaecyparissus 92
Sanvitalia procumbens 55*
S. speciosa 56
S. speciosa 'Aztekengold' 11*, 56*
Satureja douglasii 'Indian Mint' 90*
Scaevola saligna 57*
Schmuckblattpelargonien 86*, 87
Schneeflockenblume 14, 58*
Schokoladenkosmee 30*
Schönranke 97

Schwarzäugige Susanne 96
Schwarztorf 109
Sichtschutz 35
Silberwinde 82
Smaragdwinde 82
Solanum jasminoides 79, 80*
Sommerphlox 78
Spinnmilben 118, 119*
Spreizklimmer 36
Standort 9–14
Steinquendel 92
Sternwinde 97
Strauchige Gauklerblume 74*, 75
Strauchmargerite 14, 41
Strohblume 66*
Strukturpflanzen 40
Südbalkon 10
Surfinia-Petunien 10*, 14, 54*, 55
Surfinia-Petunien 'Blue Vein' und 'Blue Picnic' 10*, 54*
Süßkartoffeln 85, 87

Sutera 58
System Beta 8, 104

*T*hunbergia alata 96
T. gregorii 96*
Thymus x *citriodorus* subsp. *variegata* 92
Tongefäße 100
Torenia-Sorten 80
T. fournieri 80
Tropaeolum majus 97
T. peregrinum 97
Tropf-Blumat-System 104*
Tropfbewässerung, computergesteuerte 105

Überwinterung 120, 121

Vanilleblume 14, 47*
Verbenen 14, 59
–, 'Tukana'-Verbenen 59*
Verbene 'Cherry Red' 60*
Virenerkrankungen 116

Wachstumsfaktoren 9
Wachstumsstörung 115
Wandelröschen 14, 49, 50
Weiße Fliege 118*
Welke 115
Wildpelargonien 77, 78
Winterquartier 120
Wurzelfäule 116
Würzpflanzen 88*–92

Zauberglöckchen 44*
Zauberglöckchen 'Million Bells Cherry' 57
Zauberschnee 62
Zauberschnee 'Breathless Blush' 62*
Zierminze 92
Zieroregano 92
Ziersalbei 87, 92
Zwergstrohblume, Australische 66*

Bildnachweis

BASF: Seite 117; Borstell: Seite 8, 10, 11, 12, 13, 16 o., 17, 19 u., 20 u., 24, 28, 29, 42 l., 49, 50 o., 54, 55 r., 56 r., 59, 60, 73 u., 84, 102; Flora Press/GAP Photos: Seite 61; Geiger: Seite 19 o., 62, 63, 82, 85; Hanke: Seite 15, 16 u., 42 r., 44, 46, 57, 61 u., 68, 70, 72, 77 u., 78, 79, 81, 86 u., 88, 90, 93, 95, 114; Fa. Kientzler: Seite 43, 69, 71; Pelargonien-Fischer: Seite 115; Pinske: Seite 120; Redeleit: Seite 20 o., 37, 38/39, 104 l., 105 beide, 108, 113; Reinhard: Seite 33, 40, 45 u., 47, 50 u., 51, 53, 55 l., 56 l., 66, 67, 73 o., 75, 86 o., 89, 91, 101; Ruckzio: 76; Sammer: Seite 112; Schubert: Seite 61 o., 94, 96; Stein: Seite 2526 (alle), 32, 65, 104 r.; Straßberger: Seite 116, 117 o., 118 beide, 119; Strauß: Seite 2/3, 6/7, 34, 44/45 o., 47, 48, 58/59, 64, 77 o., 83, 98/99, 106/107, 110, 118; Bildagentur Waldhäusl: Seite 1, 30, 41, 80; Wikipedia/Stan Shebs: Seite 46

Grafiken: Farnhammer: Seite 18, 103; Janček: Seite 27; Schick: Seite 22, 23

Über die Autorin

Dipl-Ing. Eva-Maria Geiger ist Landwirtschaftsdirektorin und Leiterin des Sachgebietes Zierpflanzenbau an der Bayerischen Landesanstalt für Weinbau und Gartenbau. Zu ihren liebsten Schwerpunktaufgaben zählen Kultur- und Sortenversuche bei Beet- und Balkonpflanzen. So werden jährlich über 800 neue Sorten internationaler Züchterfirmen auf den Versuchsflächen der Landesanstalt geprüft. Die Autorin unterrichtet auch an der Fach- und Technikerschule für Gartenbau in Veitshöchheim und berichtet in der bekannten Gartensendung »Querbeet« des Bayerischen Fernsehens über Aktuelles aus dem Zierpflanzenbau.

Impressum

Bibliografische Information der Deutschen Nationalbibliothek

Die Deutsche Nationalbibliothek verzeichnet diese Publikation in der Deutschen Nationalbibliografie; detaillierte bibliografische Daten sind im Internet über http://dnb.d-nb.de abrufbar.

Überarbeitete Auflage (Neuausgabe) des Titels »Balkonblumen« aus der Reihe »Mein Gartenberater«.

BLV Buchverlag GmbH & Co. KG
80797 München

© 2012 BLV Buchverlag GmbH & Co. KG, München

Hinweis
Das vorliegende Buch wurde sorgfältig erarbeitet. Dennoch erfolgen alle Angaben ohne Gewähr. Weder Autor noch Verlag können für eventuelle Nachteile oder Schäden, die aus den im Buch vorgestellten Informationen resultieren, eine Haftung übernehmen.

Das Werk einschließlich aller seiner Teile ist urheberrechtlich geschützt. Jede Verwertung außerhalb der engen Grenzen des Urheberrechtsgesetzes ist ohne Zustimmung des Verlags unzulässig und strafbar. Das gilt insbesondere für Vervielfältigungen, Übersetzungen, Mikroverfilmungen und die Einspeicherung und Verarbeitung in elektronischen Systemen.

Umschlagkonzeption:
Kochan & Partner, München

Umschlagfotos: Flora Press/Ute Köhler (vorne); Redeleit (hinten)

Programmleitung Garten: Dr. Thomas Hagen
Lektorat: Sandra Hachmann

Herstellung: Hermann Maxant
Layout: Uhl + Massopust GmbH, Aalen

Gedruckt auf chlorfrei gebleichtem Papier

Printed in Germany
ISBN 978-3-8354-0967-5

Lieblingsplätze verschönern mit selbstgemachter Deko

Stefanie Haberlander
Das Deko-Buch für Garten und Balkon
Nützliche Objekte kostengünstig verschönern und gestalten mit Materialien aus Natur und Haushalt · Pflanzgefäße, Übertöpfe, Blumenampeln, Regale, Etageren, Miniteiche, Zäune, Sichtschutz, Rankhilfen, Wind- und Wandlichter, Futterstellen usw. · Ideen für Garten, Terrasse und Balkon · Extra: Tischdekorationen für die Gartenparty.
ISBN 978-3-8354-0939-2